Österreichs
beste Kuchen und Torten

Wichtiger Hinweis

Die in diesem Buch veröffentlichten Ratschläge sind mit größter Sorgfalt von den Autoren erarbeitet und geprüft worden. Unter Berücksichtigung des Produkthaftungsrechts müssen wir allerdings darauf hinweisen, dass inhaltliche Fehler oder Auslassungen nicht völlig auszuschließen sind. Für etwaige fehlerhafte Angaben können Autoren, Verlag und Verlagsmitarbeiter keinerlei Verpflichtung und Haftung übernehmen.

Jede gewerbliche Nutzung der Arbeiten und Entwürfe ist nur mit Genehmigung der Hubert Krenn VerlagsgesmbH gestattet.

Genehmigte Lizenzausgabe für Verlagsgruppe Weltbild GmbH, Steinerne Furt, 86167 Augsburg
Copyright © 2003 by Hubert Krenn VerlagsgesmbH, Wien
Umschlaggestaltung: Atelier Steinbicker, München
Umschlagmotiv: Stockfood, München
Fotos: Schilling & Riedmann, Michael Seyer (S. 38/39 u. 50/51)
Redaktionelle Mitarbeit: Dr. Markus Groll, Thomas Heher, Sascha Schipflinger
Grafik: Barbara Schneider-Resl
Lektorat: Sascha Schipflinger, Inge Krenn
Gesamtherstellung: J. P. Himmer GmbH Druckerei und Verlag, Steinerne Furt 95, 86167 Augsburg
Printed in Germany

ISBN 3-8289-1164-1

2006   2005   2004   2003
Die letzte Jahreszahl gibt die aktuelle Lizenzausgabe an.
Alle Rechte vorbehalten.
Einkaufen im Internet: *www.weltbild.de*

Eva Reimer • Dietmar Schobel

Österreichs beste Kuchen und Torten

Apfelstrudel, Ischler Törtchen, Kaiserschmarren...

Weltbild

Inhaltsverzeichnis

Rezepte für Kenner und Könner:

Aida Chocolaterie und Großkonditorei

Café-Konditorei Frederick

Café-Konditorei Fürst

Café-Konditorei Gerstner

Café-Konditorei Heiner

Café-Konditorei Jindrak

Café-Konditorei Walter Kniesek

4

6

Einleitung

Neuere Erkenntnisse der Ernährungswissenschaft belegen, was Naschkatzen schon längst wussten: dass Süßigkeiten tatsächlich glücklich machen können. Dass allzu viel ungesund ist, gehört ebenfalls zum Allgemeinwissen. Doch im richtigen Maß und in der richtigen Menge sind feine Torten und auserlesene Pralinen ein wahrhaft himmlischer Genuss.

In Österreich haben edles Gebäck und köstliches Konfekt schon seit der Zeit der Monarchie einen besonderen Stellenwert. Die heimischen Spitzenkonditoren zählen weltweit zu den besten ihrer Zunft, und ihre Produkte gehören zu den wichtigsten Exportartikeln. Denn die Sacher und die Linzer Torte, die Mozartkugel und der Zauner Stollen – um nur einige zu nennen – tragen nicht unwesentlich zur internationalen Bekanntheit Österreichs bei.

Für dieses Buch haben wir neunzehn der besten Konditoreien und Konfiserien des Landes gebeten, uns die Zutaten und die Zubereitungsart für einige ihrer feinsten Erzeugnisse zu verraten.

Im ersten Abschnitt „Rezepte für Kenner und Könner" können diese Anleitungen

nachgelesen werden: von den Cremeschnitten à la Aida bis zu den Ischler Törtchen der Traditionskonditorei Zauner.

Zudem sind im ersten Teil auch Porträts der einzelnen Konditoreien zu finden. Hier ist zu erfahren, wo kandierte Veilchen erhältlich sind, wer Hanf-Mocca-Schokolade produziert oder wie die Lipizzaner aus Zucker gefertigt werden. Die Geschichte der einzelnen bekannten Zuckerbäckereien wird beschrieben und die Tätigkeit ihrer Inhaber vorgestellt.

Im zweiten Abschnitt „Mehlspeisen und Torten für jeden Anlass" sind als Ergänzung zu den „süßen Geheimnissen" der Spitzenkonditoren zahlreiche grundlegende Rezepte der süßen Küche in Österreich angegeben. Hier werden beispielsweise die Zutaten und die Zubereitung für Apfelstrudel, Vanillekipferln oder Kaiserschmarren präsentiert.

Viel Spaß beim Lesen und
viel Erfolg bei der Zubereitung
wünschen

Eva Reimer & Dietmar Schobel

7

Rezepte für Kenner & Könner

Konditoreien im Porträt

Das Zuckerbäcker-Imperium

Die Aida-Konditoreien sind in Wien fast flächendeckend vertreten.
Dennoch ist jede von ihnen für ihre Stammgäste „einzigartig".

**Aida-Chef
Michael Prousek**

Eigentlich gibt es mittlerweile schon 26 davon und sie sind in ganz Wien zu finden. Was aber macht die Aida-Konditoreien dennoch so einzigartig? Ist es vielleicht die zweckmäßige Ausstattung? Oder ist es die Melange, die Kenner für eine der besten in der österreichischen Bundeshauptstadt halten? Oder sind es gar die zahlreichen Köstlichkeiten, die in jeder der Filialen zum sofortigen Verzehr locken? Wahrscheinlich wird die Einzigartigkeit der Aida-Konditoreien von einem Zusammenspiel all dieser Komponenten ausgemacht.

Manche mögen vielleicht einwenden, dass die zahlreichen Filialen zu wenig gemütlich seien. Aber diese Konditoreien sind eben nicht darauf ausgerichtet, dass die Gäste hier stundenlang Zeitung lesen oder den ganzen Nachmittag verplaudern. Hier geht es um das Wesentliche: sich eine der viel

gerühmten Kaffeespezialitäten oder eine der köstlichen Mehlspeisen schmecken zu lassen. Ambiente und Bedienung haben nur eine Nebenrolle zugewiesen bekommen, denn das Geld ist in den Produkten viel besser angelegt – so die Firmenphilosophie der Aida-Macher, der Familie Prousek.

Der Gründer des Konditorei-Imperiums war Josef Prousek, der 1883 in Nordböhmen das Licht der Welt erblickte. Nach dem Erlernen des Konditor-Handwerks ging er auf Wanderschaft und arbeitete unter anderem in Lissa an der Elbe, Prag und Brünn. Ab 1905 war

er in der Zuckerbäckerei Fiala im Zweiten Wiener Bezirk tätig, die er dann 1909 übernommen hat. Groß geworden ist die Firma Aida unter seinem Sohn Felix Prousek, der nicht nur die Konditormeisterprüfung ablegte, sondern anschließend auch noch das Welthandelsstudium absolvierte.

Da Felix Prousek für technische Novitäten stets offen war, bereicherte er 1948 sein neu eröffnetes Geschäft in der Wollzeile in Wien um eine Espressomaschine der Marke La Carimali. Ein imposantes Stück, und wahrscheinlich die erste ihrer Art in einer österreichischen Konditorei. Das neue Angebot kam bei der Kundschaft bestens an, denn nun konnten der kleine Espresso für 1,50 Schilling und der doppelte für 2,50 Schilling offeriert werden. Zucker und Milch musste sich jeder Gast selbst nehmen, dafür entfiel der damals in Wien übliche Bedienungszuschlag.

Seit 1973 ist das Aida-Imperium in zwei Firmen geteilt: Die Produktions-GmbH mit Standort im 21. Wiener Bezirk und die Verkaufslokale, die mittlerweile mehr als 350 Mitarbeiter beschäftigen. Felix Prousek schreitet heute nur mehr hin und wieder durch die Gänge der Erzeugungsstätte und gibt da und dort Anregungen, denn nun führt sein Sohn die Geschicke des Unternehmens. Ganz der Firmentradition entsprechend, setzt Michael Prousek bei der Herstellung auf die modernsten derzeit verfügbaren technischen Geräte. Dennoch hat das zarte Zuckerwerk der Konditoreien-Kette nichts an Charme und schon gar nichts an Geschmack eingebüßt. Die Cremeschnitten (deren Rezept auf der nächsten Doppelseite zu finden ist) oder der Mandelstriezel zählen nach wie vor zu den besten der Stadt, und wenn es nach den Aida-Stammkunden geht, sollen sie das auch noch für lange Zeit bleiben.

Cremeschnitten

Zutaten für
20 Stück

3 Lagen Blätterteig

1,3 l Schlagcreme bestehend aus:
250 g Butter
2-3 Eier
220 g pflanzliches Fett
170 g Zucker
1/2 l Milch
50 g Magermilchpulver
Prise Vanilleessenz

170 g Zuckerglasur (20 g Sirup, 30 g Wasser, 120 g Zucker)
Marillenmarmelade

● Drei Lagen Blätterteig backen und auskühlen lassen.

● Für die Schlagcreme die Milch anwärmen, Magermilchpulver, Butter, Fett, Zucker und Vanilleessenz dazugeben und auf 70° bringen. Die Eier dazugeben und 10 Minuten konstant die Temperatur halten.

● Mit dem Mixer rühren, abkühlen lassen und 24 Stunden in den Kühlschrank stellen.

● Blätterteig und Creme abwechselnd auftragen, die oberste Blätterteigschicht mit Marillenmarmelade bestreichen, mit Zuckerglasur überziehen und kalt stellen.

● Zum Schneiden der Cremeschnitten am besten ein Messer mit Wellenschliff verwenden, das man zuvor eine Minute lang in heißes Wasser taucht und dann abtrocknet.

In der Konditorei Aida wird der Blätterteig selbst hergestellt, man kann aber auch gekauften Blätterteig verwenden.

12

FREDERICK

Strudel & Co.

Die Konditorei Frederick in Schruns in Vorarlberg beglückt ihre Kunden mit Strudeln in allen Variationen und zahlreichen weiteren Köstlichkeiten.

Herbert Senn

Donnerstag ist Strudeltag. Manche Gäste wollten das zwar anfangs nicht einsehen und verlangten trotzdem nach einer Schwarzwälder oder anderen Torten. Aber Herbert Senn von der Café-Konditorei Frederick in Schruns hat sein Konzept konsequent umgesetzt, und heute ist der dem Strudel in allen Variationen gewidmete Tag auch bei den Kunden zu einer „Institution" geworden.

Immerhin können sie zwischen zwanzig Varianten des feinen Backwerks wählen: Die Geschmacksrichtungen reichen von Kraut und Datteln bis zu Schokolade. Als besonders köstlich gilt der Marillenstrudel, dessen Rezept Herbert Senn auf den folgenden Seiten dieses Buches verrät.

Nicht zuletzt hat der Strudeltag sozusagen auch den Segen der Lokalpolitik. Auf der Karte ist nämlich der zu Ehren des Schrunser Bürgermeisters kreierte „Vorsteherstrudel" zu finden, zu dessen schmackhaften Zutaten Nüsse, Mohn und Birnen zählen. Diese süße Versuchung lockt das Schrunser Ortsoberhaupt angeblich so manches Mal aus dem nahe gelegenen Gemeindeamt in die Café-Konditorei am Kirchplatz.

An den restlichen Tagen der Woche können die Gäste unter den zahlreichen weiteren Köstlichkeiten wählen, die in der Konditorei Frederick hergestellt werden. Am Freitag stehen dabei warme Mehlspeisen, wie etwa Karamell-Buchteln mit Vanillesoße oder Marillen-, Zwetschken- und Topfenknödel, im Mittelpunkt des Angebotes. Die Einheimischen haben die Qualität der Frederick-Erzeugnisse längst schätzen gelernt, und auch die Sommer- und Wintergäste lassen sich nach einem Bummel durch Schruns gerne in der Konditorei im Ortszentrum mit feinen Süßigkeiten verwöhnen.

14

In der Konditorei Frederick werden alle Produkte täglich frisch zubereitet.

Herbert Senn hat bereits in den fünfziger Jahren in seinem Heimatort die Bäckerlehre absolviert. Erst im Anschluss daran fühlte er sich auch zum Feingebäck berufen und ließ sich nochmals fast drei Jahre zum Konditor ausbilden.

Seine Wanderjahre führten ihn bis nach Paris, wo er nicht nur Französisch, sondern auch das Fabrizieren feinster Vorspeisen erlernte. In der Konditorei Audreys in Bournemouth in England übte er sich in der Kunst des „Royal Icing", also dem Anfertigen komplizierter Tortenornamente aus Eiweiß-Spritzglasur. Schließlich kehrte Herbert Senn nach Vorarlberg zurück, um seine internationalen Kenntnisse in Form von

Torten, Mehlspeisen, Pralinen, Snacks und nicht zuletzt auch Strudeln an seine Kunden weiterzugeben.

Eine Tradition des guten Geschmacks, der sich auch sein Sohn Martin verpflichtet fühlt, der unter anderem in der renommierten Wiener Konditorei Heiner Berufserfahrungen sammelte und nunmehr in der Konditorei Frederick tätig ist. Herbert Senns Gattin Irmgard kümmert sich in dem Familienbetrieb hauptsächlich um Verkauf und Service, aber auch um das Outfit des wohlschmeckenden Zuckerwerks. Mit dekorativen Verpackungen sorgt sie dafür, dass es nicht nur ein Gaumen-, sondern auch ein Augenschmaus ist.

15

Marillenstrudel

Strudelteig:
350 g Weizenmehl, 30 g Öl, 1 Ei
7 g Salz, ca. 180 g Wasser
Öl zum Bestreichen

Fülle:
1000 g reife Marillen, Saft von 2 Zitronen
ca. 100-150 g Zucker, 30 g Weizenpuder oder Stärkemehl
125 g Sauerrahm

ca. 50 g Strudelbrösel (Brösel mit Butter rösten)
flüssige Butter zum Bestreichen
Staubzucker und Zimt zum Bestreuen

● Für den Strudelteig sämtliche Zutaten zu einem zähen, glatten Teig verarbeiten.

● Diesen zu einer Kugel formen, die Oberfläche mit Öl bestreichen, in eine Folie einschlagen und im Kühlschrank 1 Stunde rasten lassen.

● Für die Fülle die Marillen entkernen, in feine Spalten schneiden und mit dem Zitronensaft marinieren.

● Den Zucker mit dem Weizenpuder vermischen.

● Den Teig auf einem mehlbestäubten Tuch vorsichtig ausziehen und dann die ganze Teigfläche mit flüssiger Butter dünn bestreichen. Mit den Strudelbröseln bestreuen und die marinierten Marillen auf zwei Drittel der Teigfläche verteilen.

● Anschließend das Zuckergemisch und den Sauerrahm gleichmäßig über die Fülle verteilen.

● Überflüssige Teigreste abschneiden, den Strudel durch Anheben des Tuches, beginnend mit der gefüllten Seite, einrollen und auf ein Backblech legen.

● Mit flüssiger Butter bestreichen, gleichmäßig mit der Nadel stupfen und bei 200° ca. 30 Minuten backen.

● Beginnt der Strudel seitlich leicht aufzuplatzen, dann ist er gar.

● Vor dem Servieren mit Staubzucker und etwas Zimt bestreuen.

16

Eine kleine Naschmusik

In der Konditorei Fürst in Salzburg werden die Original Salzburger Mozartkugel und weitere süße Erinnerungen an historische Berühmtheiten hergestellt.

Norbert Fürst

Es gibt wohl kaum eine Naschkatze, die sich nicht schon an der süßen Kreation aus Pistazienmarzipan, Nougat und Bitterschokolade delektiert hätte: der Mozartkugel. Deshalb verweist Norbert Fürst, Inhaber der Café-Konditorei Fürst in Salzburg, auch mit Stolz darauf, dass diese Leckerei 1890 von seinem Urgroßvater erfunden wurde.

Weniger erfreulich für den Urenkel ist aber, dass sein Vorfahre darauf vergaß, den Markennamen rechtlich schützen zu lassen. Aufgrund dieses Versäumnisses muss sich Norbert Fürst heute mit der Konkurrenz durch rund ein Dutzend mehr oder weniger gute, industriell gefertigte Kopien auseinandersetzen. Die Mozartkugel wurde dadurch zwar zu einer Art weltweit bekanntem Synonym für Österreich, das Produkt jedoch zur Massenware.

Allerdings darf nur die Konditorei Fürst ihr Erzeugnis als „Original" anpreisen. Deshalb trägt der heutige Inhaber dafür Sorge, dass seine dem bekannten Komponisten gewidmeten Pralinen nach wie vor von Hand und in bester Qualität aus frischen Zutaten in ausgewogener Mischung gefertigt werden. Dadurch sollen die Original Salzburger Mozartkugeln zur unverwechselbaren kleinen Naschmusik werden. – Ein Konzept, das sich offenbar bewährt, denn immerhin werden jährlich gut eine Million der kugeligen Köstlichkeiten in der Konditorei Fürst hergestellt.

Der Weg auf die süße Seite des Lebens war für Norbert Fürst übrigens nicht von Beginn an vorgezeichnet. Ursprünglich wollte er Technik studieren. Doch schließlich musste der Familienbetrieb weitergeführt werden, und er lernte auch das Konditorgeschäft von der Pike auf. Angesichts seiner früheren Ambitionen kann es nicht verwundern, dass zu seinen Kreationen auch der so

18

Die Konditorei Fürst in Salzburg erzeugt nicht nur die Original-Mozartkugel, sondern auch den Bachwürfel.

genannte „Doppler-Kon-(Ef-)fekt" zählt – eine süße Erinnerung an den österreichischen Physiker, der die Auswirkungen relativer Bewegung auf Frequenzen entdeckt hat.

Ganz der Firmentradition verpflichtet sind hingegen einige andere Innovationen. Schon 1985 wurde der „Bachwürfel" zu Ehren des großen Barockkomponisten geschaffen, und später folgte der „Wolf-Dietrich-Block", der dem bischöflichen Förderer der Stadt Salzburg gewidmet ist. Zum Jahrtausendwechsel wurde der Millenniums-Trüffel kreiert, zu dessen Zutaten neben Champagnertrüffel auch Rohmarzipan und dunkle Kuvertüre zählen.

Norbert Fürst kennt eben die Wünsche seines aus Touristen und lokalen Stammgästen gemischten Publikums. Deshalb trägt er auch dem steigenden Gesundheitsbewusstsein seiner Kunden Rechnung, die statt nach großen und üppigen Torten zunehmend nach Süßigkeiten in geringeren Mengen verlangen, die frisch und in hoher Qualität angeboten werden sollen.

Diese Beschreibung passt auch fast perfekt auf die klein geschnittenen und einseitig in Schokolade getunkten Florentiner der Salzburger Konditorei, deren Rezept auf der nächsten Doppelseite zu finden ist.

19

Florentiner

185 g Schlagobers
180 g Kristallzucker
45 g Honig
45 g Butter
45 g Sirup
375 g gehobelte Mandeln

Kuvertüre (dunkle Tunkmasse)

● Schlagobers mit Kristallzucker, Butter, Honig und Sirup bis zum Faden kochen (das heißt, wenn man mit dem Zeigefinger vom Kochlöffel etwas Zuckerlösung abnimmt und den Zeigefinger und den Daumen zusammendrückt, muss sich beim Öffnen der zwei Finger ein Faden ziehen).

● Die Mandeln in einer Pfanne anrösten und noch heiß in die Masse einrühren.

● Etwa 3 mm dick auf ein mit Backpapier ausgelegtes Backblech streichen und im vorgeheizten Rohr bei 180° backen, bis die Masse eine gleichmäßig braune Farbe annimmt.

● Sofort Quadrate schneiden und auskühlen lassen.

● Anschließend werden die Florentiner mit der Unterseite in Kuvertüre getaucht.

● In einer Dose an einem trockenen Ort aufbewahren.

Man kann diese hausgemachten Florentiner in einen Karton oder einfach in Zellophan verpacken und mit einer Schleife versehen.
So stellen sie ein nettes Geschenk und Mitbringsel für alle Naschkatzen dar.

20

Kandierte Veilchen aus der Kärntner Straße

Das noble Österreich am Opernball oder den Flaneur auf der Kärntner Straße: Die Café-Konditorei Gerstner verführt mit ihren Spezialitäten.

Gerstner-Backstubenleiter Erwin Brader (li.) und Chef-Patissier Knuth Grüttner (re.)

Einer Nascherei, so will es die Legende, konnte selbst die stets um ihre schlanke Linie besorgte Kaiserin Elisabeth nicht widerstehen: kandierten Veilchenblüten, einem kleinen lila Nichts, umhüllt mit feinster Zuckerglasur.

Wer den Wahrheitsgehalt der Geschichte testen möchte, muss sich nur in die Café-Konditorei Gerstner an der Wiener Kärntner Straße begeben, welche die exklusive Nascherei aus französischen Veilchen in kleinen runden Schachteln vertreibt. Dort kann man für Augenblicke die Augen schließen und der unglücklichen Kaiserin „Sisi" gedenken. Dann allerdings sollte man sich den weiteren Köstlichkeiten widmen, welche die Konditorei offeriert.

Dazu zählen etwa die berühmte Haustorte, eine luftige Mischung aus Schlagobers, Schokolade und hauchdünnen Tortenböden, oder das traditionsreiche Trüffelkonfekt, das in Form einer „Kaiser-Franz-Joseph-Bonbonniere" angeboten wird. Zu den raffiniertesten der zahlreichen Gerstner-Kreationen gehört die Karl V Torte (deren Zubereitung auf den folgenden beiden Seiten beschrieben wird).

Gegründet wurde die Zuckerbäckerei bereits 1847 von Anton Gerstner. Gut ein Vierteljahrhundert später wurde sie von Kaiser Franz Joseph als Hoflieferant auserwählt. In den folgenden Jahrzehnten spielte der Familienbetrieb immer wieder eine Rolle bei „staatstragenden" Banketten. 1911 versorgte er die Gäste bei der Hochzeit von Prinzessin Zita von Bourbon-Parma und Erzherzog Karl von Habsburg-Lothringen. 1955 lieferte er das Buffet und das Galadiner für die Empfänge im

Schloss Belvedere und im Schloss Schönbrunn anlässlich der Unterzeichnung des Österreichischen Staatsvertrages. Und beim größten österreichischen Ballereignis, dem Wiener Opernball, werden die Gäste alljährlich vom „Gerstner" gastronomisch betreut.

Heute steht das Unternehmen nicht mehr im Besitz der Familie Gerstner, sondern gehört mehreren Privatpersonen. Die neuen Eigentümer fühlen sich der langen Firmengeschichte der k. u. k. Hofzuckerbäckerei weiterhin verpflichtet und versuchen, notwendige Veränderungen behutsam durchzuführen.

In den vergangenen Jahren wurden auch einige neue Geschäftsfelder erschlossen. Neben dem Schwerpunkt Partyservice zählt dazu unter anderem die Veranstaltung „Kunst und Genuss", ein „ungewöhnliches Esserlebnis" im Kunsthistorischen Museum. Im prunkvollen Kuppelsaal wird ein Buffet mit

„Der Gerstner" zählt zu den bekanntesten Konditoreien in Wien.

Vorspeisen, warmer Wiener Küche und natürlich auch mit feinen Naschereien aufgebaut, an dem sich jeder Gast nach Herzenslust bedienen kann. Vor und nach dem Speisen, oder auch zwischendurch, können die Gemäldegalerien durchwandelt werden.

Das Gerstner-Hochzeitsservice umfasst nicht nur Speisen und Getränke, sondern auch die Wahl der passenden Räumlichkeiten, Blumenschmuck und Lichtarrangements. Eine weitere Novität sind die Picknick-Körbe. Wer im Grünen Delikatessen schlemmen will, kann dies mit einem komplett gefüllten Korb aus dem Traditionsbetrieb tun. Je nach Gusto ist er nach Landhaus-, Toskana-, Provence- oder nach britischer Art gefüllt. Und spätestens dann sollte einem kaiserlich-prickelnden Sommererlebnis nichts mehr im Wege stehen.

23

Karl O Torte

Zutaten für eine Tortenform mit 26 cm Durchmesser

Nougatbiskuit:
112 g Eiklar, 105 g Zucker, 60 g Nougat
90 g Mehl, 90 g Butter, 35 g Staubzucker
12 g Kakao, 80 g Eidotter

Pistazienbiskuit:
160 g Rohmarzipan, 70 g Staubzucker
150 g Eier, 65 g gehackte Pistazien
65 g Mehl, 1 Prise Backpulver

Parisercreme:
250 g Schlagobers
250 g Kuvertüre

Fülle:
Ribiselmarmelade

● Für das Nougatbiskuit Butter mit Staubzucker und Kakao schaumig rühren, die Eidotter nach und nach dazugeben. Die Nougatmasse erweichen, zur Butter-Dotter-Mischung geben und glatt rühren.

● Das Eiklar mit dem Zucker zu einem steifen Schnee schlagen und abwechselnd mit dem Mehl unterheben.

● In eine Tortenform mit 26 cm Durchmesser füllen.

● Bei 180° ca. 40 bis 50 Minuten backen.

● Für das Pistazienbiskuit das Rohmarzipan mit dem Staubzucker und den Eiern glatt rühren. Anschließend die Pistazien und das mit Backpulver vermischte Mehl unterheben und bei 180° ca. 60 Minuten backen.

● Für die Parisercreme das Obers aufkochen und die Kuvertüre einrühren.

● Die Tortenböden mit Ribiselmarmelade bestreichen und zusammensetzen. Mit Parisercreme dünn einstreichen und etwa 30 Minuten in den Kühlschrank stellen. Anschließend mit der restlichen Parisercreme glasieren.

24

Salons für Genießer

Von der selbst gekochten Marmelade bis zum fein modellierten Marzipan werden die Erzeugnisse der Wiener Café-Konditorei Heiner mit Liebe zum Detail gefertigt.

Paulus Stuller

Der Heiner zählt zu den Institutionen der österreichischen Zuckerbäckerzunft. Bereits 1840 als kleine Bäckerei in der Wollzeile gegründet, entwickelte sich der Betrieb aufgrund der besonderen Qualität seiner Mehlspeisen schon bald zur beliebten Café-Konditorei. Ein Umstand, der auch Kaiser Franz Joseph nicht verborgen blieb, und so nahm er den Heiner in die Liste seiner Lieferanten auf und adelte ihn mit dem Titel eines k. u. k. Hofzuckerbäckers.

Das politische und wirtschaftliche Umfeld erlaubten dem Unternehmen erst nach 1945 eine Expansion, deren augenscheinlichster Ausdruck die Eröffnung von Filialen in der Kärntner Straße und später in Perchtoldsdorf war. Nach der Monarchie ehrte 1971 auch die Republik das Unternehmen, das seither neben dem k. u. k. Doppeladler noch das Signet für einen vom Staat ausgezeichneten Betrieb führt.

Heute sind beim Heiner inklusive der Backstube in Simmering nicht weniger als 110 Mitarbeiter beschäftigt - darunter zehn Lehrlinge, die Jahr für Jahr erfolgreich am Landeswettbewerb teilnehmen. Die Geschicke des Betriebes werden gegenwärtig von Paulus Stuller, einem Nachfahren des Firmengründers, geleitet. Er ist nicht nur ausgebildeter Konditormeister, sondern hat außerdem ein Jus-Studium absolviert. Als Bundesinnungsmeister der österreichischen Konditoren und als Präsident der internationalen Konditorenunion ist Stuller in führenden Funktionen mit viel Engagement für seine Branche tätig.

In seinem eigenen Betrieb legt er besonderen Wert auf hervorragenden Service und gleich bleibend hohe Qualität der Produkte. Lohn der Bemühungen ist ein treues Publikum, und für manch einen sind die über die Jahre nahezu unverändert gebliebenen eleganten „Salons", wie die Räume der Heiner-Konditoreien genannt werden, sogar zum „zweiten Wohnzimmer" geworden. Eine Besonderheit sind die an jedem Tisch angebrachten Klingelknöpfe, mit denen nach dem Servicepersonal gerufen werden kann.

Zu den bei den Wienern besonders bekannten und beliebten Klassikern des Heiner-Angebotes zählen die Punschkrapfen, die Linzer Torte, der Pariser Spitz und die feine Esterhàzytorte (deren Rezept umseitig präsentiert wird). Aus einer kleinen Karte kann unter verschiedenen warmen Mehlspeisen gewählt werden, und zudem können pikante – vorwiegend vegetarische – kleine Gerichte bestellt werden.

Das Stammhaus der Konditorei Heiner in der Wollzeile in Wien

Zehn Sorten Speiseeis, die mit viel handwerklicher Sorgfalt modellierten Marzipanfiguren sowie weitere Geschenkartikel und Saisonwaren komplettieren die Produktpalette.

Um für den unverwechselbaren Geschmack der Heiner-Erzeugnisse garantieren zu können, werden übrigens auch die Halbfertigwaren im Haus hergestellt. Sogar die Marmelade wird selbst gekocht. So tragen Paulus Stuller und sein Mitarbeiter-Team dafür Sorge, dass die Tradition des Genießens in der Wiener Konditorei bewahrt wird.

27

Esterhàzytorte

Tortenboden:
250 g Eiklar, 230 g Zucker, 250 g geriebene Walnüsse
50 g Mehl, 50 g Butter

Creme:
200 g Milch, 70 g Zucker, 30 g Cremepulver (oder Puddingpulver Vanille)
2 Eidotter, 1 Prise Salz, etwas Vanillezucker, 0,25 l Schlagobers

Marillenmarmelade
Fondant
Schokolade
geröstete gehobelte Haselnüsse

● Für die Torte Eiklar und Zucker zu einem festen Schnee schlagen, anschließend die Walnüsse, das Mehl und die zerlassene Butter einrühren.

● 6 dünne Böden auf Backpapier streichen und bei 210° ca. 15 bis 20 Minuten backen.

● Für die Creme das Cremepulver mit etwas Zucker vermischen, mit wenig kalter Milch und Eidottern verrühren.

● Die restliche Milch mit Zucker, einer Prise Salz und Vanillezucker aufkochen, das Cremepulver-Gemisch einrühren und aufwallen lassen. Nach dem Abkühlen das geschlagene Obers unterziehen.

● Die einzelnen Tortenböden mit der Creme bestreichen und zusammensetzen, seitlich einstreichen und kühlen.

● Den obersten Tortenboden mit aufgekochter Marillenmarmelade überziehen und mit Fondant glasieren.

● In die noch weiche Glasur dünne Schokoladenstreifen dressieren und diese mit einer Messerspitze quer durchziehen, sodass das charakteristische Esterhàzymuster entsteht. Den Tortenrand mit gerösteten gehobelten Haselnüssen einstreuen.

Eine Torte als Exportschlager

Wer die Café-Konditorei Jindrak besucht, sollte dort nicht nur die „Original Linzer Torte", sondern auch eine der neuen, fruchtig-leichten Kreationen probieren.

Leo Jindrak III.

Leo Jindrak III. ist weder ein Sport-, Musik- oder Kunst-Star noch der Linzer Tourismusbeauftragte. Dennoch ist er womöglich jener Mensch, der am meisten dazu beiträgt, die oberösterreichische Landeshauptstadt international bekannt zu machen.

Der Konditormeister ist nämlich Besitzer jenes Unternehmens, in dem die Linzer Torte fabriziert wird. Und zwar nicht irgendein Backwerk dieses Namens, sondern die „Original Linzer Torte". Über 80.000 davon werden jährlich in der Café-Konditorei Jindrak hergestellt und – attraktiv verpackt – auch oftmals als Geschenk oder Souvenir ins Ausland verschickt.

Die köstliche Kreation gilt übrigens als älteste bekannte Torte der Welt, denn sie wurde bereits 1696 erstmals schriftlich erwähnt. Wer ihr den Namen gegeben oder sie erfunden hat, ist nicht überliefert. Hingegen wissen wir, dass schon damals Butter, Mandeln, Zucker, Mehl und feine Gewürze für sie verwendet wurden. Zutaten, die nach wie vor den Hauptanteil bilden.

Die Konditorei Jindrak ist zwar ein traditionsreiches Unternehmen, aber ihre Geschichte reicht nicht ganz so weit zurück wie jene ihres Hauptproduktes. Gegründet wurde sie 1929 von Leo Jindrak I., der damals zwei Verkäuferinnen und drei Gesellen beschäftigte. Sein Sohn Leo II. erweiterte das Unternehmen und etablierte es als "Leitbetrieb der oberösterreichischen Konditoreien". Nach seinem allzu frühen Tod im Jahre 1986 übernahm Leo Jindrak III. schon im Alter von 24 Jahren die Führung der Konditorei. Zu diesem Zeitpunkt waren drei Filialen der Zuckerbäckerei in Linz zu finden. Mittlerweile gibt es vier Zweigstellen, und

Die Konditorei Jindrak: „Heimat" der Original Linzer Torte

über siebzig Mitarbeiter erwirtschaften einen Umsatz von rund 45 Millionen Schilling im Jahr.

Zudem setzt der gegenwärtige Firmenchef auch auf den Verkauf im Internet. Auf der inhaltsreichen und modern gestalteten Homepage der Café-Konditorei, die unter www.linzertorte.at zu finden ist, sind Online-Bestellungen des bekannten Backwerks möglich. Sogar die Preise sowie die Lieferzuschläge für die USA, Kanada oder Australien werden angegeben.

Im Management-Bereich hat Leo Jindrak III. ebenfalls neue Wege beschritten. 1998 wurde die Linzer Firma als erste österreichische Konditorei nach der Norm ISO-9002 zertifiziert. Dadurch wurde dafür Sorge getragen, dass die betrieblichen Abläufe im Unternehmen den Maßstäben für modernes Qualitätsmanagement gerecht werden.

Zeitgemäß ist auch das Angebot der Konditorei, in der es nicht nur Zuckerwerk, sondern zudem pikante Speisen gibt. Mittags werden den Gästen Menüs und zwanzig Salatvariationen serviert; köstliche Brötchen können während des ganzen Tages bestellt werden. Mehlspeis-Fans kommen natürlich trotzdem nicht zu kurz und können unter zahlreichen Torten und weiteren Konditorei-Produkten aus hauseigener Fertigung wählen.

Dem Trend zu leichten Süßigkeiten entsprechen die Jindrak-Omeletten, unter denen die Erdbeeromelette zu den Verkaufsschlagern zählt. Das Rezept für dieses fruchtige Dessert kann auf den nächsten beiden Seiten nachgelesen werden.

31

Erdbeeromelette

Zutaten für ca. 6 Omeletten

Biskuitmasse:
5 Eiklar
80 g Kristallzucker
3 Eidotter
80 g Mehl
1/2 Pkg. Vanillezucker
15 g Maizena
1 Prise Salz

Erdbeerobers:
1/2 l Schlagobers
etwas Erdbeermark
Zitronensaft
Zucker

frische Erdbeeren
Staubzucker zum Bestreuen

● Für den Teig das Eiklar mit dem Zucker, dem Maizena und dem Salz zu Schnee schlagen. Die Eidotter mit dem Vanillezucker und einem Drittel des Mehls glatt rühren, mit dem Schnee vermengen und das restliche Mehl unterrühren.

● Mit einer Lochtülle mit 10 mm Durchmesser Omeletten auf ein mit Backpapier ausgelegtes Backblech dressieren, mit Mehl leicht bestauben und im vorgeheizten Rohr bei 200° ca. 10 Minuten backen.

● Für die Creme das Schlagobers schlagen und mit Erdbeermark, Zitronensaft und Zucker abschmecken.

● Die erkalteten Omeletten vom Papier lösen, mit Erdbeermark bestreichen, mit Erdbeerobers füllen und leicht zusammendrücken.

● Mit frischen Erdbeeren belegen und leicht mit Staubzucker bestreuen.

Lebkuchen aus Meisterhand

Die Qualitätserzeugnisse der Kärntner Konditorei Kniesek werden auch von Naschkatzen in Deutschland und der Schweiz gern genossen.

Walter Kniesek

Bei allen Fragen zum Thema Lebkuchen – oder Lebzelten, wie sie auch genannt werden – ist Walter Kniesek ein Experte. Der Konditormeister widmet sich nämlich schon seit Beginn seiner Berufslaufbahn mit besonderer Liebe und speziellem Geschick der Produktion dieses honigsüßen Gebäcks. In seiner Café-Konditorei im inmitten der Gipfel der hohen Tauern gelegenen Kärntner Ort Mallnitz wird es denn auch in jeder nur denkbaren Variation angeboten. Von Leckerli, einer mit Haselnüssen gespickten Lebkuchenart, über Elisen, einer Nürnberger Lebkuchenvariation, bis zu Orangen- und Dekor-Lebkuchen (deren Rezept auf den nächsten Seiten präsentiert wird) sind diese Köstlichkeiten hier das ganze Jahr über erhältlich.

Des Zuckerbäckers jüngste Errungenschaft ist ein im Jugendstil eingerichtetes Lebkuchen-Museum, das in einem Raum der Konditorei untergebracht ist. Während der Geschäftszeiten können Besucher hier verschiedenste Lebkuchen-Model – also Hohlformen für die Herstellung des süßen Backwerks – besichtigen. Die Model sind aus Holz oder Zinn gefertigt, und besonders stolz ist Walter Kniesek auf seine seltenen Stücke aus dem 16. Jahrhundert. Zudem können auch eine Reihe historischer Kaffeemühlen, typisches Konditor-Handwerkszeug und alte Backformen der Wiener Konditorei Demel bestaunt werden.

Mit dem Beruf des Konditors hat Walter Kniesek 1959 begonnen. Seine Lehre hat er in Lienz absolviert. Während seiner Gesellenjahre war er in der Konditorei Sprüngli in Zürich tätig, die für ihre kunstvoll gestalteten Figuren – wie etwa einen Schokoladenguss der Popgruppe The Beatles – bekannt ist. In der Opern-Konditorei in Hannover sammelte Kniesek weitere Auslandserfahrungen. 1966 eröffnete er dann

Historischer Lebkuchen-Model (links im Bild), Biedermeier-Tasse und Gugelhupf-Form aus dem Kniesek-Lebkuchen-Museum

seinen eigenen Betrieb in Mallnitz. Schon damals hatte er sechs Mitarbeiter und bei diesem Personalstand ist es bis heute geblieben.

Nicht nur in der gleich bleibenden Zahl der Beschäftigten, auch in der Produktionsweise zeigt sich bei der Mallnitzer Konditorei Beständigkeit. Der spezielle, mit zusätzlichem Staubzucker versetzte Lebkuchen-Teig wird heute noch gänzlich ohne Maschinen gefertigt. Knieseks Qualitätserzeugnisse werden nicht nur in Österreich, sondern auch in Deutschland und in der Schweiz verkauft.

Wer den Weg in die Café-Konditorei im Kärntner Bergland findet, muss sich nicht allein mit Lebkuchen zufrieden geben. Selbstverständlich wird zudem eine große Palette an Torten, Schnitten

und anderen feinen Süßigkeiten, wie etwa selbst gefertigten Mozartkugeln, geboten. Dass Kniesek nicht nur ein Meister der Lebkuchen-Fabrikation ist, beweisen 15 Goldmedaillen, mit denen er auf verschiedenen Konditoren-Wettbewerben ausgezeichnet wurde.

1986 wurde er im Auftrag der Bundeswirtschaftskammer und des Landes Wien als einer der offiziellen Vertreter Österreichs nach Japan zur World Cake Fair entsandt. Zu dieser Messe waren die bekanntesten Konditormeister eingeladen worden, um vor Ort ihre Künste den japanischen Besuchern und angehenden Zuckerbäckern vorzuführen. Auf diese Weise wurde österreichisches Konditoren-Know-how durch Walter Kniesek und seine Kollegen bis in den fernen Osten exportiert.

35

Dekor-Lebkuchen

Lebkuchen:
500 g Honig
125 g Staubzucker
125 g Staubzucker
75 g Vollei
35 g Lebkuchengewürz
7 g Salz
10 g Ammonium (Hirschhornsalz)
30 g Wasser
1000 g Weizenmehl
etwas Milch zum Bestreichen

Dextringlasur:
350 g Wasser
125 g hellbraun geröstete Kartoffelstärke
25 g Zucker

Zuckerglasur:
125 g Eiweiß (ca. 4 Eier)
350 g Staubzucker
Lebensmittelfarbe

● Für den Teig den Honig und die erste Einheit Staubzucker auf 60° erhitzen und auskühlen lassen. Den restlichen Staubzucker mit dem Vollei, Lebkuchengewürz und Salz schaumig rühren. Ammonium mit dem Wasser verrühren, dann alles mit dem Mehl vermischen und 24 Stunden stehen lassen.

● Den Teig ausrollen, Formen nach Belieben ausstechen, mit Milch bestreichen und backen.

● Für die Glasur alle Zutaten vermischen und unter Rühren aufkochen. Die Lebkuchen nach kurzem Überkühlen, aber noch heiß mit der Dextringlasur abstreichen, um eine schön glänzende Oberfläche zu erhalten.

● Für die Zuckerglasur Eiweiß mit dem Staubzucker verrühren und mit Lebensmittelfarbe beliebig färben.

Zuckerkünstler im Burgenland

Die Konditorenmeister Adi, Peter und Adolf Lunzer aus Gols beweisen mit kunstvollen Kreationen ihren Ideenreichtum und ihren Mut zur Größe.

Adi, Adolf und Peter Lunzer (von li. nach re.)

Die nahe dem Neusiedler See im Burgenland gelegene Ortschaft Gols zählt zwar nur rund 3.500 Einwohner, ist aber mit rund 1.500 Hektar Anbaufläche die größte Weinbaugemeinde Österreichs. Adolf Lunzer hat dafür gesorgt, dass Gols noch einige weitere Superlative für sich verbuchen kann: Mit seiner 4,2 Meter hohen Zuckerwatte mit einem Durchmesser von sechzig Zentimetern und dem mit 85 Kilogramm schwersten Mohrenkopf der Welt ist der bekannte Konditormeister sogar im Guinness-Buch der Rekorde verewigt worden.

Adolf Lunzer hat seinen Söhnen Adi und Peter nicht nur die Liebe zum Zuckerbäckerhandwerk, sondern auch den Mut zur Größe vermittelt. Vor einigen Jahren haben die beiden für den Umzug des Golser Volksfestes das größte Lebkuchenherz der Welt ge-

backen. Es umfasste eine Fläche von zwölf Quadratmetern und wog beachtliche 350 Kilogramm.

Dass die Lunzers nicht nur mit außergewöhnlich großen Süßigkeiten, sondern auch mit besonders fein gearbeiteten punkten können, beweisen unter anderem die „Zucker-Skulpturen" von Adi Lunzer. Schon während der Lehre im elterlichen Betrieb in Gols in den Jahren 1986 bis 1989 hat er damit begonnen, kleinere Kunstwerke aus dem süßen Material anzufertigen, wie etwa Blüten oder Tierfiguren. Um ein derartiges Stück herzustellen, wird der Zucker unter Lampen oder in der Mikrowelle gewärmt und dann mit den Händen oder einem Blasebalg in die richtige Form gebracht.

Eine seiner spektakulärsten Kreationen waren Lipizzaner aus Zucker, die er anlässlich des Koch- und Konditoren-Wettbewerbes British Open Cookery

Championships 1998 in London anfertigte. Die vollendeten süßen weißen Pferde verehrte Adi Lunzer der Mutter von Königin Elizabeth II. zum Valentinstag. In einem von ihrem Privatsekretär Captain Sir Alastair Aird verfassten Dankschreiben ließ die Queen-Mum denn auch artig ihren Dank für „das herrliche

Meisterwerk" ausrichten und Adi Lunzer zu seiner „Kunstfertigkeit und seinem Können" gratulieren.

Dass seine besonderen Fähigkeiten in der Verarbeitung von Zucker nicht nur das englische Königshaus, sondern auch internationale Experten begeistern, beweisen die über hundert Goldmedaillen, die der Burgenländer bereits mit seinen süßen Skulpturen gewinnen

konnte. In einem Nebenraum der Konditorei in Gols können etliche der filigranen Meisterwerke von Adi Lunzer bewundert werden.

Sein Bruder Peter ist unter anderem auf die Verarbeitung von Schokolade und Marzipan spezialisiert, und Vater Adolf Lunzer zeigt seine zuckerbäckerische Kreativität unter anderem in seinen zahlreichen Torten-Erfindungen. Dazu zählen beispielsweise die Burgenland-Torte, die Haydntorte, die Liszttorte und die Friedens-Torte. Für die Musikantentorte – deren Rezept auf den folgenden Seiten dieses Buches zu finden ist – wurde sogar ein eigener Zuckerbäckermarsch für Adolf Lunzer komponiert. Dass das kreative Potenzial der drei Golser Konditorenmeister noch lange nicht ausgeschöpft ist, zeigt die jüngste Kreation aus dem Hause Lunzer: Wein- und Schnapsflaschen aus Schokolade, die nach dem Trinken einfach aufgegessen werden können. Umweltfreundlicher geht's wirklich nicht.

39

Musikantentorte

Zutaten für eine Tortenform mit 24 cm Durchmesser

Tortenboden:
120 g Butter, 180 g Staubzucker, 10 Eidotter, 8 Eiklar, 270 g geriebene Mandeln
Zitronenschale, Zimt

Biskuit für Punschfülle:
6 Eidotter, 6 Eiweiß, 120 g Zucker, 150 g Mehl

Orangenlikör, Himbeermarmelade, Milchschokolade-Flocken

Punschfülle:
Biskuit, Läuterzucker, Rum je nach Geschmack, Marillenmarmelade, Orangenschale

Glasur:
Fondant, etwas Orangenlikör

Dekoration:
Kakao, Marzipan, Schokolade, geröstete Mandeln

● Für den Tortenboden die Butter mit 90 g Staubzucker und den Eidottern schaumig rühren.

● Das Eiklar mit dem restlichen Staubzucker zu Schnee schlagen und mit den geriebenen Mandeln unter die Masse rühren. Etwas geriebene Zitronenschale und Zimt beimengen. Bei 170° backen.

● Für die Biskuitmasse Eidotter mit Zucker schaumig rühren und das Mehl einsieben. Eiklar zu Schnee schlagen, vorsichtig in den Teig mischen, bei 170° backen und auskühlen lassen.

● Für die Punschfülle Biskuit würfelig schneiden und mit heißem Läuterzucker, Rum, etwas Marillenmarmelade und Orangenschale vermischen.

● Die erkaltete Torte einmal durchschneiden, beide Böden mit etwas verdünntem Orangenlikör tränken, mit Himbeermarmelade bestreichen und mit Punschfülle zusammensetzen.

● An der Seite ebenfalls mit Himbeermarmelade bestreichen und mit Milchschokolade-Flocken einstreuen.

● Für die Glasur Fondant mit Orangenlikör abschmecken, zartorange einfärben und die Torte damit überziehen.

● Die Torte mit Noten verzieren: Note = mit Kakao eingefärbtes Marzipan, Notenhals = Schokolade, Notenfahne = eine halbe geröstete Mandel.

40

Fruchtig, leicht und gesund

Süße Geschenke und gesunde, vollwertige Naschereien zählen zu den Spezialitäten der Konditorei Mayr in Absam in Tirol.

Anton Mayr

Mit fünf Jahren – einem Alter, in dem den meisten Knaben noch eine abenteuerliche Karriere als Polizist oder Feuerwehrmann vorschwebt – stand für Anton Mayr schon fest, dass sein Traumberuf jener des Konditors ist. Da er später auch Talent im Fußball bewies, wäre er beinahe vom direkten Weg zu seinem Ziel abgekommen. Doch durch missliche Umstände wurde dann doch nichts aus dem Vertrag beim Tiroler Spitzenklub in Innsbruck, und er widmete sich mit umso mehr Energie seiner Laufbahn als Zuckerbäcker.

Mit 23 Jahren absolvierte er die Meisterprüfung und gründete gemeinsam mit seiner Gattin Christine die Café-Konditorei Mayr in Absam. Mit wenig Kapital und desto größerer Begeisterung schufen die beiden Eheleute nach und nach einen Betrieb, der zu einem

Treffpunkt für die Einheimischen und Gäste des rund 6.000 Einwohner zählenden Dorfes wurde.

Dabei profitierten sie auch von der Nähe zur nur rund 300 Meter entfernten Basilika. Denn Absam ist ein Nordtiroler Zentrum der Marienverehrung, und Veranstaltungen wie die Monatswallfahrt oder die Fatima-Andacht locken zahlreiche Pilger in die Gemeinde. Dass etliche Gläubige zur Entschädigung für die Mühen der Anfahrt auch eine Kaffeejause einplanen, ist nahe liegend und verständlich.

Auch bei Festen und Feiern in Absam spielt die Konditorei oft eine wichtige Rolle. Eine seiner spektakulärsten Kreationen schuf Anton Mayr, als der Absamer Andreas Felder von der Gemeinde willkommen geheißen wurde, nachdem er den Weltmeistertitel im Skifliegen errungen hatte. Die Torte für diesen Anlass wurde von einer Sprung-

Ein Treffpunkt für Genießer: die Konditorei Mayr in Absam

schanze aus Marzipan, Gelatinezucker und Schokolade gekrönt und musste groß genug für achthundert Personen sein.

Einem weiteren bekannten Sohn der Gemeinde, Jakob Stainer (um 1617 bis 1683), dem Begründer der Tiroler Geigenbauerschule, hat der Absamer Konditormeister ebenfalls eine Torte gewidmet. Zudem fabriziert er auch das „Stainer-Präsent", eine Violine aus Schokolade, die mit Nougat-Krokant gefüllt ist. Kunstinteressierte finden als Beilage in der Verpackung die Lebensgeschichte des virtuosen Instrumentenbauers.

Süße Gaben – seien sie nun für Kinder oder Erwachsene, für Geburtstage oder Hochzeiten gedacht – sind generell einer der Geschäftsschwerpunkte der

Konditorei, in der auch eine eigene „Geschenke-Ecke" eingerichtet wurde. Und um eine der beliebten Glückwunschtorten der Absamer Zuckerbäckerei zu erstehen, reisen Kunden aus dem ganzen mittleren Inntal an.

Bei all seinen Kreationen legt Anton Mayr Wert darauf, die Produktion von wohlschmeckenden Naschereien mit Gesundheitsbewusstsein zu verbinden. Statt allzu üppiger Torten sollten der Kundschaft seiner Ansicht nach heute fruchtige und leichte Kreationen geboten werden. Dazu passt auch das feine Backwerk, das der Tiroler Konditormeister auf den folgenden Seiten dieses Buches vorstellt: die traditionelle Schwarzplententorte, die durch vollwertige Zutaten nicht nur schmackhaft, sondern auch besonders bekömmlich ist.

43

Schwarzplententorte

Zutaten für eine Tortenform mit 26 cm Durchmesser

Tortenboden:
250 g Butter, 80 g Rohzucker, 7 Eidotter
1 Pkg. Vanillezucker, geriebene Schale von 1 Zitrone
etwas Zimt, etwas Muskatnuss
150 g Kristallzucker, 7 Eiklar
250 g fein geriebene Haselnüsse
200 g Schwarzplentenmehl (Buchweizenmehl)
60 g Vollwert-Weizenmehl
1/2 Pkg. Backpulver
1/8 l Milch

Fülle:
Preiselbeermarmelade

Dekoration:
geröstete Mandeln
1 Pkg. Tortengelee

● Butter, Rohzucker und Eidotter schaumig rühren, Vanillezucker, Zitronenschale, Zimt und Muskatnuss einrühren.

● Das Eiklar mit dem Kristallzucker zu einem steifen Schnee schlagen.

● Die Mehlsorten mit dem Backpulver vermischen und mit den Haselnüssen und der Milch in die Buttermasse einrühren.

● Anschließend den Schnee vorsichtig unterziehen und den Teig in eine Form mit 26 cm Durchmesser füllen.

● Bei 185° ca. 45 bis 50 Minuten backen (bei offenem Zug).

● Die Torte nach dem Auskühlen einmal durchschneiden, mit Preiselbeermarmelade bestreichen und wieder zusammensetzen.

● Auch den Deckel mit Preiselbeermarmelade bestreichen und mit Tortengelee (Zubereitung laut Anleitung) bedecken.

● Den Tortenrand mit gerösteten Mandeln bestreuen.

44

Schoko-Saxophone und köstliche Kuchen

Die Konditorei und Schokoladen-Manufaktur Musil in Klagenfurt will mit ihren Produkten keine süßen Wünsche offen lassen.

Bernd Musil

Wer eine größere Anzahl ungewöhnlich geformter Süßigkeiten sucht, ist bei der Firma Musil in Klagenfurt an der richtigen Adresse. Von Löwen und anderen Schokotieren bis zu Musikinstrumenten wie etwa Saxophonen kann hier fast alles aus dem süßen Material geformt werden. Allein rund 250 verschiedene Automodelle können hergestellt werden.

Das Angebot wendet sich hauptsächlich an Unternehmen, die größere Bestellungen aufgeben. Bei Bedarf werden auch spezielle Wünsche berücksichtigt. So wurden schon Herzschrittmacher und Antibabypillen aus Schokolade oder für ein deutsches Glücksspiel-Unternehmen Dartscheiben mit dem Firmenlogo und für eine große TV-Station Charts der Seheranteile aus dem süßen Material gefertigt. Für Einzelbestellungen von Privatkunden wird im Internet die Adresse

www.musil.at als Vertriebsschiene ausgebaut. So will der heutige Firmenchef Bernd Musil die lange Tradition des Betriebes mit modernen Absatzkanälen verknüpfen.

Der Gründer des Familienunternehmens war sein Großvater Bartl Musil. Der Zuckerbäcker aus Mähren machte sich als Verfasser des Standardwerkes „Führer durch die Wiener Mehlspeiskuche" einen Namen und brachte es bis zum „Ober-Patissier" von Kaiser Franz Joseph. 1926 erwarb Bartl Musil das nahe dem Lindwurm-Platz in Klagenfurt gelegene Stammhaus der Familie. Das schon im 16. Jahrhundert

Verlockende Angebote bei der Konditorei Musil in Klagenfurt

gegründete und 1852 vom venezianischen Baumeister Cargnelutti neu gestaltete Gebäude war einst im Besitz verschiedener Adelsgeschlechter.

Heute sind hier die Café-Konditorei Musil und ein 35-Betten-Hotel untergebracht, dessen Zimmer in unterschiedlichen Stilrichtungen, von Biedermeier über Bauern-Barock bis zum Empire-Stil, eingerichtet sind. Die kleine, feine Herberge wird von Bernd Musils Gattin Uta geführt. Der ausgebildete Konditormeister und Koch selbst kümmert sich neben der Administration hauptsächlich um die Schokolade-Manufaktur, in der die oben erwähnten süßen Figuren gefertigt werden, sowie um die Café-Konditorei. In Letzterer werken insgesamt rund 35 Mitarbeiter. Für die Gäste stehen 120 Sitzplätze zur Verfügung und zudem noch eine Sommerterrasse mit vierzig Plätzen.

Im Herstellungsbereich wird Bernd Musil vom Zuckerbäckermeister Walter Mentil unterstützt, der schon seit über dreißig Jahren für den Familienbetrieb tätig ist. Er trägt dafür Sorge, dass die Produkte der Café-Konditorei stets in hoher Güte angeboten werden können. Zu den Spezialitäten des Hauses zählen beispielsweise der Kärntner Reindling (dessen Rezept umseitig verraten wird) oder die mit Haselnuss-Schlagobers gefüllte Schillerlocke aus Blätterteig. Sogar die Bonbons werden in der Firma Musil selbst fabriziert.

Ein weiteres Geschäftsfeld der Firma Musil – das in der sommerlichen Hochsaison einen beachtlichen Umfang erreicht – ist die Gastronomie für die auf dem Wörther See verkehrenden Schiffe. Die Passagiere von Linien- und Sonderfahrten werden mit Snacks und anderen Speisen versorgt. Dass dabei aufgrund der Tradition des Familienbetriebes auch warme Mehlspeisen wie der Mohr im Hemd oder der Milchrahmstrudel nicht zu kurz kommen, versteht sich von selbst.

47

Kärntner Reindling

Teig:
520 g Mehl, 30 g Germ, 1/5 l Milch, 60 g Staubzucker
100 g Butter, 3 kleine Eidotter, 1 Ei
Mark von einer kleinen Vanilleschote
Schale und Saft von 1 Zitrone, etwas Salz
Öl zum Bestreichen

Fülle:
150 g gekochter Vanillepudding, 225 g Rosinen
200 g Zimtzucker, 200 g gehobelte Haselnüsse
zerlassene Butter

Glasur:
200 g Zuckerkaramell

● Mit Germ, Staubzucker und Milch ein Dampfl (Hefeansatz) ansetzen und an einem warmen Ort gehen lassen.

● Anschließend das Dampfl mit dem Mehl, Butter, Eiern und den restlichen Zutaten gut verkneten und den Teig dann aufgehen lassen.

● Den Germteig in eine Schüssel geben, an der Oberfläche mit Öl bestreichen und über Nacht in den Kühlschrank stellen.

● Am nächsten Morgen den Teig ausrollen (5 mm), mit Pudding bestreichen und mit Zimtzucker, Haselnüssen und Rosinen bestreuen. Die zerlassene Butter darüber träufeln, einrollen, in die Form geben und nochmals gehen lassen.

● Bei 160° ca. 50 bis 60 Minuten backen.

● Nach dem Backen mit aufgelöstem Zucker (Zuckerkaramell) bestreichen.

Das Wort „Reindling" leitet sich von der „Rein" (flacher Kochtopf) ab. Die Verkleinerungsform ist ein „Reindl", und in diesem wird der „Reindling" gebacken. Man kann natürlich auch eine Gugelhupfform verwenden.

48

Eat Art und Eis – Variationen

Ob Torten, Krapfen oder Eis – in der Konditorei Philipp in Graz werden alle süßen Produkte mit Geschick und Kunstfertigkeit hergestellt.

Wolfgang Philipp

Im Gründerviertel von Graz, beim Schillerplatz, liegt die Café-Konditorei Philipp. Nicht nur die Straßenbahnlinie 3 – deren Endhaltestelle sich vis-à-vis des Eingangs befindet – auch der Aficionado feiner Mehlspeisen und raffinierter Eis-Kreationen gelangt hier an sein Ziel. Denn hinter der Jugendstilfassade des Hauses Krenngasse 38 wird die hohe Schule des Konditorenhandwerks zelebriert.

Der Gründer des Betriebes war Hugo Philipp, der noch in der k. u. k.-Zeit das Zuckerbäckergewerbe erlernt hat. Als gestrenger Lehrherr hat er seine Kenntnisse an seinen Sohn Wolfgang weitergegeben, der heute für die köstlichen Kreationen der Konditorei zuallererst verantwortlich zeichnet. Wolfgang Philipp hat wiederum seine Lehrlinge mit der Kunst des feinen Backens vertraut gemacht und kann mit Stolz darauf ver-

weisen, dass diese bereits zwölfmal den steirischen Landeswettbewerb ihrer Zunft für sich entscheiden konnten.

Nicht zuletzt hat der Zuckerbäckermeister sein Know-how auch an seine Tochter Elisabeth Philipp vermittelt, die zudem schon bei den bekannten Wiener Betrieben Konditorei Heiner und Kurkonditorei Oberlaa sowie auf der Meisterschule in Heidelberg Erfahrungen sammeln konnte. Mit Elisabeth Philipp hat sich die Familie bereits in dritter Generation den edlen Naschereien verschrieben.

Gastgarten der
Konditorei Philipp
in Graz

Qualität hat im Hause Philipp also Tradition, wobei Wert darauf gelegt wird, diese auch mit Wirtschaftlichkeit zu verknüpfen. Mit einem Wort: adelige Produkte zu bürgerlichen Preisen. Besonders beliebt sind die Krapfen, die in Erdnussöl herausgebacken werden und dadurch von überraschender Leichtigkeit sind. Die klassischen Mehlspeisen überzeugen durch ihre Frische, der Kaffee ist vom Feinsten, und manch einer macht sich auf in Richtung Schillerplatz, um sich oder seinen Lieben mit einer der zahlreichen Philipp-Torten Gutes zu tun. Eine der bemerkenswertesten ist die Schillertorte, mit ihrem feinen Kastaniengeschmack (das Rezept dafür ist auf den nächsten beiden Seiten angegeben).

Für die eigene Eisproduktion ist die Konditorei bei den Grazern nicht weniger bekannt als für ihr Backwerk. Kein Wunder, werden doch während der Sommermonate täglich vierzig (!) Eissorten angerührt und im Stammhaus sowie an einem Eiskiosk im Stadtzentrum feilgeboten. Zudem kann auf der Karte unter sechzig verschiedenen Eiscoupes gewählt werden. Auch hier ist wieder ein zu Ehren des deutschen Dichterfürsten kreiertes Produkt zu finden: die aus Kastanieneis modellierten Schillerlocken.

Apropos Modellieren: Zeugen bereits die stets angebotenen Marzipanfiguren von beträchtlichem Geschick, zeigt sich in den auf Bestellung hergestellten Zuckerbäckereien aller Art Kunstfertigkeit. Dies hat sich bis zu Daniel Spoerri herumgesprochen, weswegen der bekannte Schweizer Vertreter der Eat Art für seine künstlerischen Vorhaben immer wieder in der Konditorei Philipp vorstellig wird – und sei es, um ein Dessert in Form eines Traktorsitzes in Auftrag zu geben.

51

Schillertorte

Zutaten für eine Tortenform mit 24 cm Durchmesser

Schokoladenbiskuitböden:
3 Eier, 60 g Zucker, 60 g Mehl, 30 g Speiseöl, 15 g Kakao

Mürbteigboden:
20 g Zucker, 60 g Butter, 90 g Mehl, 1 Eidotter, 1 Prise Salz

Oberscreme:
1/2 l Schlagobers, 300 g Kastanienpüree, 50 g Jamaikarum
10 g Gelatine, etwas Vanille
1/4 l Schlagobers, etwas Zucker, Rum und Gelatine zum Ausfertigen

Dekoration:
50 g weiße Schokolade, 250 g Kastanienpüree, 50 g Marzipan (grün)
12 Schokoladenkastanien, 50 g Ribiselmarmelade

● Für die Schokoladenbiskuitböden die Zutaten über Wasserdampf aufschlagen. Die Masse in eine Tortenform mit 24 cm Durchmesser geben und backen.

● Für den Mürbteigboden alle Zutaten zu einem Teig verkneten, in eine Tortenform geben und anschließend backen.

● Für die Oberscreme 1/2 l Schlagobers aufschlagen, mit Jamaikarum, etwas Vanille und 100 g Kastanienpüree abschmecken und die aufgelöste Gelatine einrühren.

● Den Mürbteigboden mit Ribiselmarmelade bestreichen, einen Schokoladenbiskuitboden aufsetzen, ebenfalls mit Marmelade bestreichen und mit einem Einsetzring umstellen. Mit dem Kastanienpüree 2 Ringe auf-

dressieren und mit der Oberscreme auffüllen. Den zweiten Schokoladenbiskuitboden aufsetzen und die Torte tiefkühlen.

● Zum Ausfertigen 1/4 l Schlagobers aufschlagen, etwas Zucker, Rum und Gelatine zusetzen und die Torte zustreichen.

● Als Dekoration einen Kranz Kastanienpüree mit der Kartoffelpresse aufdrücken und die Mitte mit weißen Schokoladenspänen auffüllen.

● Aus dem grünen Marzipan Blätter formen und diese mit den Schokoladenkastanien auf die Torte setzen.

52

Wiener Tortenseligkeit

Einheimische und Touristen können in prächtig-imperialem Ambiente im Wiener Café Sacher die berühmte Torte gleichen Namens genießen.

Begonnen hat alles 1832 mit einem Auftrag des Fürsten Klemens Wenzel Metternich an seine Köche. Für verwöhnte Gäste sollte ein besonders wohlschmeckendes Dessert kreiert werden, so der Wunsch des damals allmächtigen österreichischen Staatskanzlers.

Sacher-Chefpatissier Helmut Martin Lengauer

Der Kocheleve Franz Sacher, so will es eine Legende, sprang für seinen erkrankten Chef ein und erfand einen lukullischen „Megahit". Manche behaupten sogar, dass ohne die von ihm geschaffene Torte aus dunklem Biskuitteig, Marillenmarmelade und Schokoladenglasur Wien nicht seine heutige Bedeutung in der Welt hätte. Dass etliche Touristen weniger den Weg in die österreichische Hauptstadt finden würden, ist jedenfalls unbestritten.

1876 eröffnete Eduard Sacher, der Sohn des Tortenerfinders, hinter der Oper ein Café mit dazugehörigen möblierten Zimmern. Damit wurde auch für das mittlerweile schon bekannte Backwerk die ideale Heimstatt geschaffen. Das gastgewerbliche Trio von Hotel, Café und Torte der Marke Sacher verführt mitten im Zentrum von Wien noch heute mit der Pracht aus Kaiserszeiten und seiner über hundertjährigen Tradition.

Die meisten Gäste zieht es denn auch in das Café, um ebendort eine Original Sacher-Torte zu genießen, die im historischen Ambiente wohl noch besser mundet als zu Hause. Aufgrund der relativ geringen Nachfrage haben sich hier selbst der Apfelstrudel und einige andere klassische Wiener Mehlspeisen nur mühsam einen Stammplatz in den Vitrinen an der Theke erkämpft. Hotel- und Café-Direktor Reiner Heilmann setzt dennoch zumindest fallweise auf alternative Angebote, wie etwa die köstliche Sacher-Version einer Passionsfrucht-Nougat-Torte, deren Rezept auf den folgenden Seiten nachgelesen werden kann.

Das Café Sacher bietet seinen Gästen ein nobles Interieur.

Die Back-Anleitungen für die namensgebende Torte bleiben hingegen ein Geheimnis – und selbst wenn es keines ist, wird standhaft so getan, als wäre es eines. Denn der Name wurde mittlerweile zum Ärger der Erfinder zum Synonym für eine ganze Produktgruppe konkurrierender Hersteller. Und so besteht das Haus in Wien auf die exklusive Zusammensetzung seiner Schokoladenglasur und die unnachahmlichen Handgriffe beim Überziehen des Tortenrohlings – die jeden Kopierversuch in der eigenen Küche kläglich scheitern lassen, vom Geschmack einmal ganz abgesehen.

Das Sacher entstammt der Tradition des 19. Jahrhunderts, und jede Ände-

rung – bei Computern, Haustechnik oder Vertriebsformen – wird mit Bedacht vorgenommen. Erst seit einigen Jahren versucht Sacher-Chefin Elisabeth Gürtler die Marke stärker zu nutzen. Sacher-Schokolade, -Kaffee und -Regenschirme wurden entwickelt sowie nach dem Franchisesystem weitere Sacher-Cafés in Salzburg und Innsbruck eröffnet, eines in Bozen soll folgen. Die Versandideen werden kühner – auch schockgefrostet sollen die Torten auf die Reise gehen. 270.000 werden derzeit pro Jahr verschickt, bestellt wird – der Tradition des 21. Jahrhunderts entsprechend – mit Vorliebe schon über das Internet.

Passionsfrucht-Torte

Zutaten für eine Tortenform mit 24 cm Durchmesser

Schokoladenbiskuit:
3 Eier, 90 g Zucker, 50 g Mehl, 30 g Kakao

Passionsfruchtcreme:
150 g Passionsfruchtsaft, 45 g Staubzucker
25 Blatt Gelatine, 400 g Obers

Nougatmoussecreme:
120 g feine Nougatmasse, 5 g Milch, 5 g Weinbrand
1 Eidotter, 1 Ei, 15 g Zucker, 2 Blatt Gelatine, 300 g Obers

Dekoration:
Tortengelee, Saft von 2 Passionsfrüchten
etwas Schlagobers, gehackte Pistazien

● Für das Biskuit die drei Eiweiß mit dem Zucker aufschlagen. Anschließend die Eidotter unterheben und zum Schluss das Mehl und den Kakao einmelieren.

● Den Teig in eine Tortenform mit 24 cm Durchmesser einfüllen und bei 180° ca. 25 bis 30 Minuten backen.

● Für die Passionsfruchtcreme den Passionsfruchtsaft mit Staubzucker verrühren und anschließend die aufgelöste Gelatine und das geschlagene Obers unterheben. Die Creme in die Torte einfüllen und kalt stellen.

● Für die Nougatmoussecreme das Nougat mit Milch und Weinbrand auflösen. Eidotter, Ei und Zucker über Dunst warm und anschließend kalt aufschlagen und unter die Schokoladen-

masse heben. Dann die Gelatine einrühren und zum Schluss das geschlagene Obers einmelieren.

● Die Nougatmoussecreme in den mit Schokoladenbiskuit ausgelegten Tortenring einfüllen und kalt stellen. Nach dem Erkalten die Passionsfruchtcreme einfüllen und wieder kalt stellen.

● Am Schluss das Tortengelee mit dem Saft der Passionsfrüchte erhitzen. Nach dem Erkalten der Torte mit dem Passionsfruchtgelee übergießen und den Rand mit gesüßtem, geschlagenem Obers bestreichen.

● Anschließend mit gehackten Pistazien bestreuen.

56

Süße Schätze aus Salzburg

Erich Winkler von der Konditorei Schatz in Salzburg verwöhnt seine Gäste mit feinen Mehlspeisen nach altbewährten Rezepten.

Erich Winkler

Beinahe wäre Erich Winkler Fernmelde-Techniker geworden, war doch mit 16 Jahren die Besteigung von Telefonmasten sein vordringlichstes Ziel. Doch dann ergab es sich, dass ein Freund seines Vaters eine Sommeraushilfe für seine Konditorei suchte. Nach dieser Zeit wollte er den tüchtigen jungen Mann nicht mehr missen, und so steht statt „Technische Fernmeldebehörde Graz" "Lehre in der Konditorei Frauenschuh in Mondsee" am Beginn von Winklers Berufsvita.

Danach ging es steil bergauf: Drei Jahre war er in der k. u. k. Hofkonditorei Lehmann am Graben in Wien tätig und ebenso lange als Patissier im Hotel Österreichischer Hof in Salzburg. 1971 bestand er erfolgreich die Meisterprüfung und wurde Chefpatissier im Hotel Pitter in Salzburg. Bei in-und ausländischen Wettbewerben demonstrier-

te der junge Konditormeister sein Können und wurde unter anderem bei der Patisserie-Olympiade in Frankfurt mit einer Goldmedaille ausgezeichnet. 1983 ergab sich für Winkler eine günstige Gelegenheit, sich seinen schon lange gehegten Wunsch nach Selbstständigkeit zu erfüllen, und er übernahm die Café-Konditorei Schatz in Salzburg.

Dass seine Wahl gerade auf diesen Betrieb fiel, war alles andere als ein Zufall. Denn die Zuckerbäckerei ist in einem aus dem 14. Jahrhundert stammenden Gebäude in der Salzburger Getreidegasse untergebracht, das als architektonisches Schmuckstück gilt. Zudem be-

findet sich ganz in der Nähe eine der meistbesuchten Sehenswürdigkeiten der Stadt an der Salzach: Mozarts Geburtshaus.

Erich Winkler, der seit einigen Jahren auch Innungsmeister der Salzburger Konditoren ist, legt Wert darauf, dass alle süßen Schätze, die an den Tischen seines Betriebes oder über die Gasse angeboten werden, aus eigener Produktion stammen. Bei der Herstellung setzt er auf altbewährte Rezepte, die er nur sanft adaptiert – beispielsweise durch Reduzierung des Nuss- oder Zuckergehaltes. Dass Fertigmehlmischungen seinen Ansprüchen nicht genügen, überrascht nicht, dass sich in seiner Backstube kein Gramm Backpulver findet, ist jedoch erstaunlich.

Die Sorgfalt bei der Auswahl der Materialien macht sich bezahlt. Von seinem gezogenen Topfenstrudel oder dem marinierten Apfelstrudel, der Traunkirchner Torte aus Mürbteig und Marillenschaum, dem Himbersoufflé oder dem mit reiner Butter hergestellten Plundergebäck zeigen sich sogar die anspruchsvollsten Kunden angetan.

Zu den beliebtesten Kreationen von Winkler zählt die mit einer lockeren Obersfüllung versehene Papageno-Torte – ein süßer Anklang an die Figur des Vogelhändlers aus Mozarts Singspiel "Die Zauberflöte". Dass in der Konditorei häufig Werke des großen Komponisten gespielt werden, sorgt für die passende musikalische Untermalung beim Genießen des feinen Backwerks (dessen Rezept umseitig vorgestellt wird).

59

Papageno-Torte

Zutaten für
eine Tortenform
mit 24 cm
Durchmesser

Tortenboden:
5 Eidotter, 5 Eiklar, 200 g Rohmarzipan, 2 EL Wasser, Schale von 1 Zitrone
etwas Vanillezucker, 1 Prise Salz, 2 kleine Dosen Mandarinen, 30 g zerlassene Butter
70 g glattes Mehl, 30 g Stärkemehl, 100 g Kristallzucker

Schokoladenobers:
2 Blatt Gelatine, 50 g dunkle Kuvertüre, 1/4 l Schlagobers

Cointreauobers:
2-3 Blatt Gelatine, 4 cl Cointreau, 50 g Staubzucker, 1/4 l Schlagobers

Dekoration:
150 g Rohmarzipan, 2 EL Kakaopulver, 50 g Staubzucker, Kuvertüre zum Bestreuen

● Die Rohmarzipan mit Wasser verkneten, anschließend die Eidotter, Zitronenschale, Vanillezucker und Salz dazugeben und schaumig rühren.

● Die Eiklar mit dem Kristallzucker zu einem steifen Schnee schlagen. Mehl und Stärkemehl mischen und mit dem Eischnee und der zerlassenen Butter in die Dottermasse einrühren. Die gut abgetropften Mandarinen mit Mehl bestäuben und unterheben.

● Die Masse in eine Tortenform mit 24 cm Durchmesser füllen und bei 150° ca. 50 bis 60 Minuten backen.

● Für das Schokoladenobers die Gelatine in kaltem Wasser einweichen, ausdrücken und auflösen. Die zerlassene Kuvertüre einrühren, ein Drittel des steif geschlagenen Obers dazugeben und das restliche Obers unterrühren. Kuppelförmig auf den Tortenboden streichen und kurz kühl stellen.

● Für das Cointreauobers die Gelatine auflösen und mit Cointreau und Zucker verrühren. Anschließend das steif geschlagene Obers unterziehen und ebenfalls kuppelförmig auf das Schokoladenobers streichen. Mit einer gezackten Teigkarte Wellenlinien in die Oberfläche drücken.

● Für die Dekoration das Rohmarzipan, Kakao und Staubzucker miteinander verkneten. Auf einer mit Staubzucker bestreuten Arbeitsfläche das Marzipan auf 85 cm Länge und 7 cm Breite ausrollen. Die Kanten glatt schneiden. Den Marzipanstreifen auf einen Holzstab aufrollen und am Rand der Torte entlang wieder abrollen.

● Die Oberkante wellenförmig eindrücken und etwas Kuvertüre auf die Tortenoberfläche raspeln.

Über 200 Jahre Tradition

Die Familie Träger aus Pinkafeld hat sich schon seit dem 18. Jahrhundert der Kunst des Backens verschrieben.

Reinhard Träger

Es war im Jahre 1780, als Johann Georg Träger das Haus für seine Bäckerei in Pinkafeld erwarb. Seine neuartigen Erzeugnisse, wie etwa die damals im Burgenland noch unbekannte Rundsemmel, fanden bei den Kunden bald Anklang, und so legte er den Grundstein für die lange Tradition des Familienbetriebes in der Bruckstraße. 1848 wurde das Unternehmen erstmals ausgebaut, und nach 1900 gab es sogar zwei im Eigentum der Trägers stehende Betriebe in Pinkafeld: das Stammhaus sowie eine weitere Bäckerei in der Hauptstraße.

Der Erste in der Familie, der auch das Zuckerbäcker-Handwerk erlernte, war Arwed Träger. Er wurde in einer der besten ungarischen Konditoreien in der Produktion süßer Köstlichkeiten unterwiesen und eröffnete dann 1932 einen eigenen Betrieb.

Sein Sohn Reinhard Träger, der heutige Besitzer, wurde ab 1958 in München ausgebildet und verbrachte auch seine Gesellenjahre zum Teil in Deutschland. Dort ließ er sich nicht nur von einem Lehrjungen aus dem Schwarzwald das Rezept für die berühmte Kirschtorte verraten, sondern erlernte auch die damals in Österreich noch nicht gängige, kunstvolle Verarbeitung von Schlagobers.

Nach seiner Rückkehr in heimische Gefilde arbeitete Reinhard Träger in Wien, wo er sich in der Fertigung von Spezialitäten wie etwa der Wiener-

Biedermeier-Raum in der Konditorei Träger in Pinkafeld

Krokant-Torte oder der Mädltorte übte. Nicht zuletzt erwarb er hier auch das notwendige Know-how für die gekonnte Zubereitung der verschiedenen in Wien verbreiteten Kaffeevariationen.

1971 übernahm er dann den väterlichen Betrieb. Dem Zuge der Zeit folgend, legte er die Bäckerei still und ließ die Café-Konditorei vergrößern und neu gestalten. Dabei legte er großen Wert auf die Innenausstattung und bemühte sich, seinen Kunden durch vier unterschiedlich eingerichtete Räume sowohl ein angenehmes Ambiente als auch Abwechslung zu bieten. So gibt es etwa einen gänzlich mit Biedermeier-Möbeln ausgestatteten Raum – als treffliche Ergänzung zur Fassade des Konditorei-Gebäudes, die ebenfalls dieser Stilrichtung zuzuordnen ist.

In den Sommermonaten steht den Gästen auch eine gepflegte Terrasse zur Verfügung, auf der sie sich das in der burgenländischen Zuckerbäckerei hergestellte Eis schmecken lassen können. Außerdem werden täglich rund dreißig verschiedene Mehlspeisen frisch zubereitet. Zu den besten süßen Erzeugnissen der Konditorei Träger zählt die Pinkafelder Herrentorte (das Rezept dafür ist auf der nächsten Doppelseite zu finden).

Als Ergänzung zum feinen Backwerk werden auch zahlreiche pikante Imbisse serviert. Eine weitere Spezialität des Hauses ist das große Angebot an österreichischen Weinen, unter denen einige auserlesene Tropfen zu finden sind. Darauf ist Reinhard Träger, der selbst ein passionierter Weinsammler und -kenner ist, besonders stolz. Kaffeeliebhaber kommen in der Pinkafelder Konditorei ebenfalls auf ihre Kosten, und nicht zuletzt können die Gäste auch unter zwanzig Teesorten auswählen.

Pinkafelder Herrentorte

Zutaten für eine Tortenform mit 26 cm Durchmesser

Mürbteigboden: 30 g Staubzucker, 60 g Butter, 90 g Mehl, 1 halber Eidotter
etwas Vanillezucker, 1 Prise Salz, geriebene Zitronenschale

Sacherboden: 3,5 Eidotter, 40 g Staubzucker, 65 g Butter, 50 g Kuvertüre, 20 g Blockkakao
4 Eiklar, 50 g Zucker, 60 g Mehl, 1 Prise Salz, etwas Vanillezucker
geriebene Zitronenschale

Ribiselmarmelade

Brandteig: 1/8 l Wasser, 45 g Butter, 75 g Mehl, 4 Eidotter, etwas Vanillezucker
1 Prise Salz, geriebene Zitronenschale

Vanilleobers: 70 g Zucker, 1/8 l Milch, 1 Eidotter, 25 g Vanillecremepulver
(Puddingpulver), Bourbonvanille, 1 Prise Salz, etwas Cointreau
2 Blatt Gelatine, 0,4 l Schlagobers

Schokoladenobers: 2 Eidotter, 150 g Kuvertüre, 50 g Läuterzucker, 50 g Obers
1/4 l Schlagobers

Schokoladenüberzug: ca. 60 g Obers, 30 g Kuvertüre, 40 g Milchkuvertüre, etwas Nougat

● Aus den angegebenen Zutaten einen Mürbteig bereiten, kühl stellen und bei ca. 180° goldbraun backen.

● Für den Sacherboden die Zutaten schaumig rühren, zuletzt den mit Zucker und Zitronensaft steif geschlagenen Schnee und das Mehl unterheben. Bei ca. 190° backen.

● Für den Brandteig Wasser, Butter, Vanillezucker, Zitronenschale und Salz aufkochen, das Mehl dazugeben und kurz abrösten. Nach und nach die Eidotter einrühren. Kleine Rosetten auf Backtrennpapier dressieren und bei ca. 200° backen.

● Für das Vanilleobers Eidotter und Cremepulver mit etwas Milch glatt rühren. Milch, Zucker, Cointreau, Bourbonvanille und Salz aufkochen und die Cremepulvermischung einrühren. Abkühlen lassen, aufgelöste Gelatine einrühren und das Schlagobers unterheben.

● Für das Schokoladenobers die angegebenen Zutaten erhitzen, glatt rühren, abkühlen lassen und das Schlagobers unterziehen.

● Für den Überzug alle Zutaten erhitzen und anschließend abkühlen lassen.

● Die Tortenböden mit Ribiselmarmelade bestreichen, zusammensetzen und mit einem Einsetzring umstellen. Vanilleobers einfüllen, mit Vanilleobers gefüllte Brandteigkrapferln darauf verteilen, etwas hineindrücken und Schokoladenobers darüber geben. Nach dem Absteifen mit Obers einstreichen, stark kühlen und die Oberfläche dünn überziehen.

Teamgeist und innovative Kreationen

„Plundereien", köstliches Käsegebäck und unkonventionelle Torten machen die Konditorei Trahbüchler in Sollenau zu einem beliebten Ausflugsziel.

Karl Trahbüchler

Sollenau ist eine eher unscheinbare, im Süden Wiens gelegene Ortschaft. Auf der Rangliste der beliebtesten Ziele unter Mehlspeis-Connaisseuren findet sich die Gemeinde dennoch an prominenter Stelle. Dafür zeichnet Karl Trahbüchler verantwortlich. Eigentlich Karl II., hat doch Vater Karl den Betrieb 1948 gegründet und bis 1976 dessen Geschicke bestimmt. Seitdem werkt sein Sohn in den 150 Gästen Platz bietenden Räumen in Sollenau und der Dependance in Baden. Und das mit Erfolg.

Ein Grund dafür sind die viel gerühmten – und auch im Bundeskanzleramt geschätzten - „Plundereien": kleine Plunderstücke, mit Butter hergestellt und mit verschiedenen Füllungen versehen. Die begehrten Stücke werden dekagrammweise verkauft, von echten Fans jedoch gleich in Kilogramm-Por-

tionen mit nach Hause genommen. Das trahbüchlersche Käsegebäck ist ebenfalls sehr beliebt. Es wird stets frisch und in zwei Macharten, als Butter- oder Mürbteig-Gebäck, angeboten. Großer Nachfrage erfreuen sich auch die Profiterolen, das sind Brandteigkrapfen mit Vanillecremefüllung.

Insgesamt verfolgt Karl Trahbüchler ein klassisches Konditoreikonzept: Neben dem Verzicht auf einen Küchenbetrieb heißt das auch, dass er bestrebt ist, seinen Kunden besonders hochwertige Heißgetränke zu servieren. So lässt er

In der Konditorei Trahbüchler kann in stilvollem Rahmen fein gespeist werden.

seine Kaffeebohnen in einer kleinen Rösterei zur Sudfertigkeit veredeln. Teetrinker können zwischen etlichen offen angebotenen und in Kannen kredenzten Sorten wählen.

Zu den feinen Getränken gesellen sich beim Trahbüchler zahlreiche köstliche Kuchen und Torten. Den traditionellen Gugelhupf aus schwerer Sandmasse produziert der Konditormeister ohne chemische Zusatzstoffe. Der Schoko-Nuss-Kranz (dessen Rezept umseitig angegeben ist) wird bis nach Graz geliefert und zählt ebenfalls zum Feinsten. Er ist zwar keine Eigenschöpfung, aber dennoch typisch für den Sollenauer Zuckerbäcker, dem manchmal auch die Ideen anderer als Ausgangspunkt für eigene Kreationen dienen. Unschwer erkennbar ist dies an seiner „Ildefonso-Torte".

Um seine hohen Qualitätsstandards zu halten, bittet der Chef seine Mit-

arbeiter schon mal zum Lauf über glühende Kohlen – im Rahmen eines Eventseminars zur Steigerung des Teamgeists, versteht sich. Und geht selbst mit bestem Beispiel voran, besucht der 52-Jährige (Selbsteinschätzung: „Seminarweltmeister") doch zahlreiche Fortbildungs-Veranstaltungen im In- und Ausland.

Nicht nur beim Erwerb von zeitgemäßem Know-how, auch bei Einrichtung und Ambiente zeigt sich der Konditormeister Neuem gegenüber aufgeschlossen und führt laufend Verbesserungen durch. Das Bemühen um innovative Produkte und kontinuierliche Weiterentwicklung scheint sich bezahlt zu machen. Denn auch prominente Gäste, wie etwa den ehemaligen Goleador der Nation, Hans Krankl, zieht es immer wieder nach Sollenau, um die innovativen Kreationen von Karl Trahbüchler zu genießen.

67

Schoko-Nuss-Kranz

Zutaten für
eine Kranzform
mit 22 cm
Durchmesser

125 g Butterschmalz
190 g Zucker
25 g Maizena
5 Eier
63 g Vollmilch
50 g geriebene Schokolade
63 g grob gehackte Nüsse
125 g würfelig geschnittene Äpfel
125 g Mehl
1 Pkg. Backpulver
1 Prise Salz
Mark von 1 Vanilleschote
etwas abgeriebene Zitronenschale

Butter und Mehl für die Form
Staubzucker zum Überzuckern

● Für den Teig Butterschmalz mit Maizena, Zucker und den Eiern schaumig rühren. Anschließend die Apfelwürfel, Schokolade, Nüsse, Salz, Zitronenschale und Vanillemark einrühren.

● Anschließend die kalte Milch und zuletzt das mit Backpulver vermischte Mehl beigeben.

● Die Masse in eine bebutterte und bemehlte Kranzform mit 22 cm Durchmesser füllen und im vorgeheizten Rohr bei 160° ca. 1 Stunde backen.

● Den Schoko-Nuss-Kranz auskühlen lassen und vor dem Servieren mit Staubzucker bestreuen.

● Je nach Belieben Schlagobers dazu reichen.

Eine weihnachtliche Variante des Schoko-Nuss-Kranzes erhält man, indem man in den Teig Rosinen, Zimt und Gewürznelkenpulver einrührt. Den Kranz anschließend mit Marillenmarmelade bestreichen und mit einer Glasur nach Wahl überziehen.

68

Konfekt für Kenner

Der Konditormeister und Konfiseur Helmut Wenschitz hat sich auf paradiesische Pralinen spezialisiert. Sein Angebot reicht von Tiramisukonfekt bis zu Vitamintrüffeln.

Helmut Wenschitz

Helmut Wenschitz war immer früh dran. Schon als Kind half er in der Bäckerei und Konditorei seiner Eltern mit, und die Meisterschule in Linz hat er als damals jüngster Bäcker- und Konditormeister Oberösterreichs abgeschlossen. Bereits mit 25 Jahren hat er einen Betrieb gegründet und recht bald damit begonnen, auf ein viel versprechendes Angebot zu setzen: die Herstellung von frischem Konfekt, ein Bereich, in dem laut Wenschitz in Österreich im Vergleich zur Schweiz noch großer Nachholbedarf besteht.

Beim Start mit der Spezialisierung auf die Pralinenproduktion im Jahre 1993 hat er zwölf Frischtrüffeln angeboten. Dank seiner steten Experimentierfreude und seinem Innovationsgeist bietet er heute bereits sechzig Konfektvariationen an. Das Sortiment soll jedoch in Zukunft nicht mehr allzu sehr erweitert werden, denn dies würde die

Qualitätskontrolle erschweren. Die Pralinen von Helmut Wenschitz sollen sich nämlich optisch und geschmacklich stets deutlich von industriell gefertigten abheben.

Zu den Klassikern seines Angebotes zählt seine Champagnertrüffel, die vor nicht allzu langer Zeit in einer Blindverkostung als „beste Trüffel Österreichs" ausgezeichnet wurde. Eine Besonderheit aus dem Hause Wenschitz ist auch das Tiramisukonfekt aus einer Kaffee-Frischrahm-Trüffelmasse, deren Geschmack mit einem Schuss Cognac abgerundet wird. Sogar eine Vitamintrüffel, zu deren fruchtigen Bestandteilen Orange, Pfirsich und Karotte zählen, ist bei dem oberösterreichischen Pralinen-Experten erhältlich.

15 Trüffeln werden speziell für Diabetiker hergestellt. Für diese Zielgruppe werden zudem noch rund vierzig weitere Konditoreiprodukte, wie etwa Torten, Rouladen, Schnitten und auch Teegebäck, offeriert. Die

70

Kohlenhydratmengen dieser Erzeugnisse werden genau analysiert und als Broteinheiten angegeben.

Wenschitz liefert sein wohlsortiertes Angebot an frischem Konfekt und seine besonderen Naschereien für Diabetiker allerdings nicht an Endverbraucher, sondern an Konditoreien in Österreich und Deutschland. An die fünfzig konnte der Oberösterreicher schon von den Vorzügen seiner Produkte überzeugen.

Bei der Herstellung achtet der Konfekt-Spezialist darauf, dass ausschließlich hochwertige Zutaten verwendet werden – wie etwa frisches Obers, Butter, feinste Nougat- und Giandujamassen, Qualitäts-Kuvertüren aus der Schweiz und Belgien sowie exquisite Alkoholika. Außerdem werden die Frischpralinen nach den strengen Schweizer Normen geprüft und es werden keine Konservierungsstoffe verwendet. Das hat neben geschmacklichen auch vertriebstechnische Konsequenzen: Die Konfiserie produziert ausschließlich auf Bestellung, und auch vergleichsweise kleine Einheiten können geordert werden.

Wer sich selbst darin versuchen will, dem Pralinen-Meister nachzueifern, findet auf der nächsten Doppelseite die dafür notwendigen Anleitungen: die Rezepte für die Zartbitter-Sahne-, die Vanille- und die Himmlische Trüffel.

In der Konfiserie Wenschitz werden frische Pralinen in 60 Geschmacksrichtungen gefertigt.

71

Trüffeln

Zutaten für ca. 50 Stück

Für alle drei Rezepte benötigt man Trüffelhohlkugeln, die im Fachhandel erhältlich sind.

Zartbitter-Sahne-Trüffel:
180 g Obers, 40 g Glykose (im Fachhandel erhältlich)
20 g Butter, 210 g Bitterkuvertüre

Dekor: Hände mit Kuvertüre versehen und die Trüffelkugeln in Schokostreuseln rollen.

Vanille-Trüffel:
Helle Masse: 100 g Obers, 20 g Glykose
260 g weiße Kuvertüre, 10 g Galliano-Likör (italienischer Vanillelikör)
1/2 Vanilleschote

Dunkle Masse: 100 g Obers, 20 g Glykose, 250 g Milchkuvertüre
10 g Galliano-Likör, 20 g Butter
1/2 Vanilleschote

Dekor: Trüffelkugeln in weißer Kuvertüre (28°) tunken und mit Gabelzug versehen.

Himmlische Trüffel:
130 g Obers, 30 g Glykose, 260 g Milchkuvertüre, 20 g Butter
40 g Gewürztraminerbrand

Dekor: Trüffelkugeln in Milchkuvertüre tunken (30°), absetzen und mit Zartbitter-Kuvertüre filieren

● Für die Herstellung der Trüffel Schlagobers, Glykose und eventuell Butter aufkochen (85°), die grob gehackte Kuvertüre beigeben und vermischen.

● Zum Schluss den Alkohol einrühren.

● Anschließend die Trüffelmasse in Plastikbehälter leeren und mit Folie bedecken.

● Bis 28° abkühlen und in die Trüffelhohlkugeln füllen.

● Die gefüllten Trüffeln über Nacht stehen lassen (bei 20° Raumtemperatur).

● Am nächsten Tag die Trüffeln mit Kuvertüre verschließen und je nach Sorte dekorieren.

72

Marzipanbilder aus St. Pölten

Die Konditorei Wolf in der niederösterreichischen Landeshauptstadt bietet ihren Kunden vierzig verschiedene Torten und die originalgetreue Wiedergabe von Fotos in Form von Marzipan.

Dagmar Schirak

Im Herzen der Altstadt von St. Pölten, mitten in der Fußgängerzone, befindet sich die traditionsreiche Konditorei Wolf. Schon im 19. Jahrhundert, als noch Kutschen über das Pflaster vor der Backstube rollten und die Lehrjungen in weißen Schürzen den Damen die Sonntagsbrötchen nach Hause brachten, war hier eine Bäckerei zu finden. Kurz nach der Jahrhundertwende hat der Firmengründer Hans Wolf, ein gebürtiger Sankt Pöltner, die Produktion dann auf noch feineres Backwerk umgestellt und den Betrieb in eine Konditorei umgewandelt.

Heute zählen 18 Mitarbeiter zur Belegschaft des Hauses Wolf, und das Angebotsspektrum reicht von der Rundsemmel bis hin zum Catering- und Party-Service. Selbstverständlich werden von einer gepflegten Café-

Konditorei wie jener in der niederösterreichischen Landeshauptstadt auch kunstvoll gestaltete Torten für Hochzeiten und andere spezielle Anlässe offeriert.

Dass auch bei Österreichs Zuckerbäckern schon die Technik des Informationszeitalters Einzug gehalten hat, zeigt ein besonderer Service der Firma Wolf: Auf Wunsch der Kunden werden Fotos eingescannt und anschließend in Form von Marzipan wiedergegeben. Auf diese Weise erreichen die süßen Bilder eine Farbenpracht, die von jener echter Fotos kaum mehr zu unterscheiden ist.

Die heutige Besitzerin des Betriebes ist Herta Wöss, Ehegattin des Neffen von Hans Wolf. Als Geschäftsführerin wiederum ist ihre Tochter Dagmar Schirak tätig. Ganz wie einst Hans Wolf kümmert sie sich darum, dass die Sankt Pöltner mit feinem Zuckerwerk versorgt werden und begrüßt die Kund-

Die Konditorei Wolf ist in der Altstadt von St. Pölten zu finden.

schaft persönlich. Über vierzig verschiedene Torten werden von der Konditorei Wolf angeboten, und Schirak verweist mit Stolz auf die Herstellung aller Produkte nach alten Rezepten, ganz ohne Fertigzusätze.

Dass die Sankt Pöltner Naschkatzen da nur schwer widerstehen können, ist leicht verständlich. Während die einen hier süße Köstlichkeiten erstehen, um sie mit nach Hause zu nehmen, nehmen andere im Café Platz, um sich die feinen Konditoreierzeugnisse gleich an Ort und Stelle schmecken zu lassen.

Als ganz besonderer Leckerbissen gilt bei der Kundschaft die Topfenroulade mit Weichselfülle (deren Rezept auf den folgenden Seiten verraten wird). Schon kurz nach ihrer Einführung

wurde diese Kreation zu einem Verkaufsschlager. Ob sie dies ihrer Bekömmlichkeit verdankt oder einfach nur ihrem Wohlgeschmack, sei dahingestellt. Nicht nur für Lokalpatrioten wird die Sankt-Pöltner-Torte gebacken, die laut Schirak „von fast allem" etwas enthält: Walnüsse, Biskuit, Schokocreme, Marzipan und Schlagobers sind nur einige der Zutaten.

Doch im Hause Wolf werden nicht nur Mehlspeis-Fans verwöhnt. Auch ein breit gefächertes Angebot von Imbissen steht bereit, und zur Mittagszeit werden warme Mahlzeiten serviert. Kein Wunder, dass für viele Einwohner der niederösterreichischen Landeshauptstadt ein Besuch in der Konditorei Wolf zu den Fixpunkten während des allwöchentlichen Einkaufsbummels zählt.

75

Topfenroulade

Roulade:
5 Eidotter, 5 Eiklar
60 g Zucker, 1 Pkg. Vanillezucker
1 Spritzer Zitronensaft, 80 g Mehl

Fülle:
170 g Zucker, 1 Eidotter
1/2 l Obers, 250 g Topfen
1 Spritzer Zitronensaft
7 Blatt Gelatine
120 g Weichselmarmelade
Saisonfrüchte zur Dekoration
Tortengelee

● Für die Roulade das Eiklar mit Kristallzucker, Vanillezucker und Zitronensaft zu einem steifen Schnee schlagen. Anschließend die Eidotter vorsichtig einarbeiten und das Mehl locker unterheben.

● Die Masse dünn auf ein mit Backpapier ausgelegtes Backblech aufstreichen und bei 220° backen.

● In noch heißem Zustand das Backpapier ablösen, den Teig einrollen und auskühlen lassen.

● Für die Fülle Zucker, Topfen und Eidotter schaumig rühren. Zitronensaft und die aufgelöste Gelatine einrühren und das geschlagene Obers unterheben.

● Die Topfenfülle in die ausgekühlte Biskuitrolle füllen und 7 Stunden kalt stellen.

● Die Roulade in 3 cm dicke Stücke schneiden, umlegen, in der Mitte ein wenig eindrücken und in die Vertiefung Weichselmarmelade geben.

● Zusätzlich kann man noch beliebige Früchte der Saison auf die Topfencreme setzen und mit Tortengelee übergießen.

76

Kaiserlicher Sommer

Die Konditorei Zauner in Bad Ischl steht für die süße Tradition der Kaiserzeit – eine Melange aus Adel, Alpen und Sommerfrische-Atmosphäre.

Josef Zauner

Wer je nach einem Beweis gesucht hat, dass sich Gegensätze tatsächlich anziehen, dürfte in Bad Ischl schnell fündig werden. Denn in dem Kurort im Salzkammergut ist mit den Salinen Austria nicht nur der österreichische Salzproduzent beheimatet, sondern auch ein weit über die Grenzen des Landes hinaus bekannter Spezialist für Süßes, die Konditorei Zauner. Wirtschaftlich bedeutender mag ja der Bergbaubetrieb sein, doch so richtig warm ums Herz wird den Bad Ischlern, wenn es um ihre Konditorei geht.

1832 gegründet und lange Zeit als Lieferant für den kaiserlichen Hof tätig – sozusagen als Party-Caterer –, bewahrt das Familienunternehmen die monarchische Tradition im Ort. Denn der Zauner und Kaiser Franz Joseph waren einst unzertrennliche Bestandteile jedes Bad Ischler Sommers. Und im Gefolge des Hofstaates zog es seit jeher Künstler und Intellektuelle in die Sommerfrische. Von Johann Nestroy über den Kammer-

sänger Leo Slezak bis zum Operettenkomponisten Franz Lehár – der seine Rechnungen des Öfteren statt mit Bank- mit handgeschriebenen Musik-Noten zu begleichen pflegte.

Die stets ein wenig pikante Melange aus Adel, Künstlern, Bergkulissen und ausgelassener Sommerfrische-Atmosphäre sorgte für einen unaufhaltsamen Aufschwung der Konditorei. Daran hat sich in späteren Jahren nicht wirklich viel geändert. Auch die stets ein wenig heiklen Nachfolgeregelungen in der nicht unkomplizierten Familienge-

An der Theke der Konditorei Zauner findet sich für jedes süße Bedürfnis eine „Lösung".

schichte taten der Zaunerschen Erfolgsstory keinen Abbruch.

Was geschäftliche Dinge anging, bewiesen die Eigentümer nämlich immer viel Geschick: Sei es bei Erweiterungen, etwa der Errichtung von Tanzcafés und Veranstaltungssälen, oder beim Erwerb einer Dependance am Traunufer, der so genannten Esplanade, im Jahr 1927. Der Geschäftssinn beschränkt sich nicht nur auf vergangene Jahrzehnte. Mit dem Internetauftritt des Unternehmens unter der Adresse www.zauner.at beweist der heutige geschäftsführende Gesellschafter Josef Zauner den richtigen Sinn für neue Vertriebsformen.

Noch mehr Geschick allerdings bewiesen alle Zauners – geborene, angeheiratete oder adoptierte – bei ihrer ursprünglichen Berufung als Konditoren. Wenn es um Torten, Kuchen oder Pralinees geht, ist der Familie nur das Beste gut genug. Naturbelassene Zutaten und gekonnte

Zubereitung sind das Erfolgsrezept. Das gilt für die typischen Ischler Törtchen (deren Rezept auf den folgenden Seiten präsentiert wird), die Oblatentorte oder die Zauner-Kipferln genauso wie für den weltbekannten, seit 1905 nach unverändertem Rezept gebackenen Zauner-Stollen. Immerhin 100.000 Stück davon werden pro Jahr produziert und in die ganze Welt versandt.

Dem Trend folgend, werden von den Kunden der Bad Ischler Konditorei die lockeren, leichten, fruchtigen Mehlspeisen immer öfter den üppigen Traditionsmarken vorgezogen. Doch die kaum enden wollende Kuchen- und Tortentheke im Stammhaus in der Pfarrgasse 7 mit bis zu zweihundert verschiedenen Spezialitäten beweist, dass es wohl für jedes süße Bedürfnis eine zaunersche Lösung gibt. Denn, wie es die bekannte Burg- und Filmschauspielerin Johanna Matz formulierte: „Hier ist das Süße nicht Schwäche – hier ist's Kultur."

Ischler Törtchen

Zutaten für 30–35 Törtchen

Mürbteig: 150 g Staubzucker, 300 g Butter, 450 g glattes Weizenmehl, 1 Eidotter 1 Prise Salz, Vanillezucker, Zitronenschale

Ischler Creme: 1/4 l Schlagobers, 170 g Kristallzucker, 80 g Butter, 200 g Bitterkuvertüre (dunkle Tunkmasse), 1/4 l Milch, 20 g Vanillepuddingpulver, 2 Eidotter

Dekoration: 200 g passierte Marillenmarmelade, 500 g Fondant zum Glasieren etwas Kakaopulver, fein gehackte Pistazien

● Für den Mürbteig alle Zutaten verkneten, in eine Folie einschlagen und 1 Stunde kalt stellen.

● Anschließend den Teig 2 mm dick ausrollen und mit einem runden Ausstecher mit 6 cm Durchmesser Scheiben ausstechen. Auf ein mit Backpapier belegtes Backblech setzen und im vorgeheizten Backrohr bei 170° nach Sicht hellbraun backen.

● Für die Ischler Creme das Obers mit 120 g Zucker und der Butter aufkochen. Die geschnittene Kuvertüre darin schmelzen. Im kalten Wasserbad unter Rühren rasch abkühlen, dabei im Temperaturbereich ab 30° nur in Abständen kurz durchrühren, sonst buttert die Masse aus. Im Kühlschrank auf mindestens 4° abkühlen lassen.

● 200 ml Milch mit dem restlichen Zucker aufkochen. Die restliche Milch mit dem Puddingpulver und den Eidottern verrühren, in die kochende Milch einrühren und gut durchkochen. Kalt rühren, mit Klarsichtfolie abdecken, damit sich keine Haut bildet,

und in den Kühlschrank stellen.

● Die Schokoladencreme wie Obers aufschlagen und mit der glatt gerührten Vanillecreme melieren. Auf die Hälfte der Teigscheiben mit einem Dressiersack mit glatter Tülle dicke Tupfen aufdressieren. Die restlichen Scheiben auflegen und so weit zusammendrücken, dass die Teigränder und die Creme kantengleich abschließen. Die Creme soll etwa 1 cm hoch eingefüllt sein. Im Kühlschrank abstocken lassen.

● Mit einem Pinsel die Oberseite mit kochend heißer Marillenmarmelade bestreichen. Das Fondant auf etwa 35° erwärmen und mit Kakao schokoladenbraun einfärben. Mit Wasser und eventuell wenig Eiklar (für einen schöneren Glanz) zu entsprechender Konsistenz verdünnen.

● Die Ischler Törtchen auf ein Glasiergitter stellen und mit einem Esslöffel die Glasur über die einzelnen Törtchen verteilen. Einige fein gehackte Pistazien in die Mitte streuen.

80

Die Schoko-Hochburg in Riegersburg

Wer gute Schokoladen in ausgefallenen Geschmacksrichtungen sucht, findet sie bei Josef Zotter in der Steiermark. Seine Aromapalette reicht von Hanf-Mocca bis zu Mandeln mit Grapparosinen.

Josef Zotter

Für die Produkte von Josef Zotter ist die Bezeichnung „Schokolade" eigentlich nicht angemessen. Denn die Erzeugnisse seiner im oststeirischen Hügelland in der Nähe von Riegersburg gelegenen Manufaktur zählen zum Feinsten, das sich Kenner auf der Zunge zergehen lassen können.

Seine süßen Artikel werden nur aus edelsten Materialien und gänzlich ohne Aroma-, Farb- oder Konservierungsstoffe gefertigt. Bei der Auswahl der Rohstoffe wird versucht – so weit als möglich –, Zutaten aus Österreich zu verwenden: Mohn aus dem Waldviertel, Kürbiskerne aus der Steiermark oder Marillenbrand aus der Wachau. Und die frische Milch stammt von Bauern aus der Nachbarschaft. Selbstverständlich wird auch bei jenen Materialien, die importiert werden müssen, auf beste Qualität geachtet.

Zotters Sortiment reicht von der „herkömmlichen" Schokolade bis zu Exoten, wie etwa der Hanf-Mocca- oder auch der Uhudler-Schokolade, die in Zusammenarbeit mit burgenländischen Winzern hergestellt wird. Weitere ausgefallene Erzeugnisse des steirischen Süßigkeiten-Spezialisten sind beispielsweise die Kreationen „Orangen mit Grand Manier", „Weißer Mohn mit Zimt" oder „Mandeln mit Grapparosinen". Alles in allem umfasst die umfangreiche Produktpalette über 25 Sorten Schokoladetafeln in mehr als fünfzig Variationen.

Zotter-Schokoladen sind feinste Süßigkeiten für Kenner.

Im Sommer werden zudem zehn Sorten Marmelade angeboten und ganzjährig „echte" Trinkschokoladen. Letztere werden nicht wie üblich aus Kakao und Schlagobers gefertigt, sondern aus kleinen Schokoladentafeln, die durch das Aufgießen heißer Milch geschmolzen werden. Seit kurzem gibt es noch zwei neue Produkte der Manufaktur Zotter: Die „Boleros" sind Trüffel-Konfekt mit Aromen wie Balsamico oder Earl-Grey, die „Schokiss"-Pralinees werden unter anderem mit Pistazie-Anis-, Fontutta- oder Ingwer-Geschmack angeboten. (Auf den nächsten beiden Seiten verrät Josef Zotter drei seiner feinsten – und einfachsten – Rezepte.)

Der heutige Schokoladen-Experte hat ursprünglich eine Koch-und-Kellner-Ausbildung absolviert und ist erst durch Tätigkeiten als Patissier in den Wiener Hotels Hilton und Imperial sowie in der Kurkonditorei Oberlaa „auf den süßen Geschmack gekommen". Sozusagen als Autodidakt erlernte Zotter das Zuckerbäcker-Handwerk so richtig erst im ei-

genen, 1983 gegründeten Betrieb. Durch zahlreiche zusätzliche Prüfungen erwarb er auch den Titel „Konditor-Meister".

Zunächst führte er sein Unternehmen als Café-Konditorei, seit 1999 hat er sich jedoch gänzlich der Herstellung von Schokoladenprodukten gewidmet. Ein neues Geschäftskonzept, das sich offenbar bewährt, denn er liefert seine feinen Süßigkeiten bis nach Deutschland, Holland, Schweden und sogar in die Schokoladen-Hochburg Schweiz.

Die Zotter-Artikel sind hauptsächlich in guten Feinkostläden erhältlich oder direkt bei der Manufaktur. In Letzterer kann – nach Voranmeldung – auch ein Blick in die Produktionsstätte des Familienbetriebes geworfen werden, in der die einzelnen Erzeugnisse mit großer Sorgfalt hergestellt werden. Außerdem ist das Unternehmen unter der Adresse www.zotter.at im Internet präsent. Über das neue Medium will die Schokoladen-Manufaktur Zotter ihre süßen Seiten des Lebens weltweit zugänglich machen.

83

Konfekt

Apfel-Karotten-Kugeln

200 g Butter, 400 g Milch, 100 g Obers,
150 g geschälte und fein geraspelte Äpfel
200 g geschälte und fein geraspelte Karotten
200 g Zucker, 1 Vanilleschote
etwas Staubzucker zum Wälzen

Milch, Obers, Zucker und Vanillemark aufkochen, die fein geraspelten Karotten dazugeben und weich kochen. Nun die Äpfel zugeben und noch einmal aufkochen lassen, bis die Masse dickflüssig ist. Vom Feuer nehmen, kurz stehen lassen und dann die gut gekühlte, würfelig geschnittene Butter langsam einrühren, bis diese schön bindet, dann kalt stellen. Kleine Kugeln formen und eventuell in Staubzucker wälzen.

Kürbis-Konfekt

500 g Rohmarzipan (weich)
4 EL Eierlikör, 100 g Kürbiskerne
80 g Kristallzucker
150 g dunkle Kuvertüre zum Abstreichen
fein gehackte Kürbiskerne oder Walnüsse

Den Kristallzucker zu Karamell schmelzen, Kürbiskerne zugeben, gut durchrühren, auf ein Backblech schütten und auskühlen lassen. Anschließend in kleine Stücke brechen und in einem Kutter fein hacken. Marzipan mit Eierlikör und geriebenem Krokant gut verrühren und auf ein mit Backtrennpapier belegtes Blech ca. 5–8 mm dick aufstreichen. Backtrennpapier darüber geben, mit dem Rollholz gleich-

mäßig ausrollen und kühl stellen, bis die Masse fest ist. Das Papier abziehen, dünn mit Kuvertüre (30°) bestreichen und kühl stellen. Die fest gewordene Kuvertüre mit Backtrennpapier bedecken, ein Blech darauf setzen und stürzen. Das Papier an der Oberfläche nun abziehen und dünn Kuvertüre aufstreichen. Sobald die Kuvertüre beginnt, fest zu werden, beliebige Stücke schneiden oder ausstechen und in Papierkapseln setzen.

Weiße Orangen-Trüffel

120 g Butter, 370 g weiße Kuvertüre
30 g Grand Marnier (Orangenlikör)
2 TL gehackte Aranzini
100 g weiße Kuvertüre zum Wälzen
50 g Staubzucker oder weiße
Schokoladenspäne

Die Kuvertüre langsam bei 45° auflösen und auf ca. 28–30° abkühlen lassen. Die weiche Butter schaumig rühren und die weiße Kuvertüre (32°) langsam einrühren. Zuletzt den Orangenlikör und fein gehacktes Aranzini langsam einrühren. Mit einem Dressiersack kleine Kuppeln auf ein Trennpapier dressieren und gut kühlen. Weiße Kuvertüre auflösen und auf 32° abkühlen. Die Kuppeln zur typischen Trüffelform modellieren. Finger in Schokolade tauchen, die Trüffeln in der Hand vorsichtig wälzen und dabei ganz dünn mit der Kuvertüre überziehen. Anschließend sofort in Schokoladenspänen oder gesiebtem Staubzucker wälzen.

84

Mehlspeisen und Torten für jeden Anlass

Allgemeine Tipps

● Zubereitungszeiten verstehen sich ohne Ruhe-, Kühl- und Backzeiten.

● Verwenden Sie nur hochwertige Qualität von Backzutaten – es lohnt sich.

● Bei Zubereitung von Germteig auf eine Raumtemperatur von 20° achten.

● Teige, die in Kasten- oder Springform gebacken werden, etwas auskühlen lassen und danach mit einem Messer vorsichtig vom Rand lösen.

● Mehlspeisen voneinander getrennt und gut verschlossen aufbewahren.

● Sollte sich ein Kuchen nicht aus der Form lösen, diese mit dem Kuchen nach unten zeigend auf ein Gitter setzen und ein feuchtes Tuch über die Form legen.

● Gebäck immer in der Mitte des Teiges, mit Hilfe eines Holzstäbchens prüfen, ob es fertig gebacken ist. An dem Stäbchen darf kein Teig mehr haften.

● Beim Schlagen von Eiklar darauf achten, dass das Gefäß nicht fetthaltig ist.

● Beim Verarbeiten von Früchten diese nach Fertigstellung des Teiges unterheben.

● Kleingebäcke vorsichtig mit der Palette abheben.

● Knetteige sind roh und gebacken zum Einfrieren geeignet.

● Wird Kakao in den Teig mitverarbeitet, diesen vorher mit Mehl mischen.

● Falls der Mürbteig klebt, ihn in Folie gewickelt 20 Minuten in den Kühlschrank stellen.

● Vor dem Backbeginn sämtliche Zutaten und Geräte bereit stellen.

● Bei Verwendung von Backtrennpapier entfällt das Einfetten des Backblechs.

● Öffnen Sie die Backofentüre zum Nachsehen niemals zu früh. Bestimmte Teigwaren vertragen das nicht. Bei hohen Kuchen und Torten auf keinen Fall während der ersten zwei Drittel der Backzeit öffnen.

● Das Stürzen von Kuchen auf Kuchengitter ist leichter, wenn Sie das Gitter auf die Form legen, mit Tüchern anfassen und umlegen.

Beliebte Backzutaten

Angelika:
auch Engelwurz, ist eine Heil- und Aromapflanze, deren kandierte Blattstiele zur Dekoration von Süßspeisen verwendet werden.

Anis:
Samenkörner der Anispflanze, die wegen ihres würzig-süßlichen Geschmacks zum Aromatisieren verwendet werden.

Aranzini:
gewürfelte, kandierte Orangenschalen.

Arrak:
Trinkbranntwein aus Reis und Zuckerrohr-Melasse, eignet sich besonders als Aroma für Glasuren.

Backaromen:
dienen zum Würzen des Gebäcks und sind in unterschiedlichsten Geschmacksrichtungen erhältlich (Rum, Zitrone, Orange, Pistazie, Kokos ...)

Backoblaten:
hauchdünnes, papierähnliches Dauergebäck in runder oder eckiger Form. Wird beim Backen als Unterlage für Makronen, Lebkuchen, Busserln usw. verwendet.

Biskotten:
österreichischer Ausdruck für Löffel-

biskuit; ein haltbares Gebäck aus Biskuitteig.

Brösel:
auch Semmelbrösel, österreichischer Ausdruck für Paniermehl.

Cointreau:
Likör aus Orangen und Zitronen.

Dampfl:
österreichischer Ausdruck für Hefeansatz oder Vorteig.

Fondant:
Schmelzglasur.

Gelatine:
Geschmacksneutraler Knochenleim, der gallertartig erstarrt. Ist als Pulver oder in Blattform erhältlich.

Germ:
österreichischer Ausdruck für Hefe; ein Backtriebmittel.

Hagelzucker:
grob kristallisierter Zucker zum Bestreuen von Gebäck.

Hirschhornsalz:
auch Ammonium, ein chemisches Triebmittel für flaches, trockenes Gebäck wie z. B. Lebkuchen.
Hirschhornsalz zersetzt sich an der Luft

89

und muss daher gut verschlossen auf-
bewahrt werden.

Holler:
österreichische Bezeichnung für
Holunder.

Ingwer:
Gewürz aus der getrockneten Wurzel
der Ingwerpflanze, auch kandiert
erhältlich. Gilt als gesundes, wärmendes
Gewürz für den Verdauungsapparat.

Kardamon:
getrocknete Kapselfrucht der südasiati-
schen Kardamonpflanze, die gut zum
Würzen von Lebkuchen, Stollen, und
Kuchen geeignet ist. In der chinesischen
Küche bekannt als wärmendes Gewürz.

Kartoffelmehl:
Speisestärke aus Kartoffeln mit hoher
Quellfähigkeit.

Kletzen:
österreichische Bezeichnung für
getrocknete Birnen.

Kokosett:
auch Kokosflocken, geraspelte, getrocknete Kokosnuss.

Koriander:
pfefferkornähnliche orientalische
Frucht, die als wärmendes Gewürz in der
Weihnachtsbäckerei oft verwendet wird.

Korinthen:
kernlose, getrocknete Weinbeeren.

Krokantstreusel:
Krokantmasse, die aus gehackten
Mandeln oder Nüssen mit karamelli-
siertem Zucker hergestellt und dann zu
Streusel zerstoßen wird.

Kuvertüre:
hochwertige Schokolade mit einem
hohen Anteil an Kakaobutter. Dient als
Schokoladenüberzugsmasse zum Dekorieren von Torten, Kuchen, Gebäck und
Pralinen.

Läuterzucker:
auch Sirup, wird zum Tränken be-
stimmter Kuchenarten verwendet.
100 g Zucker mit 6 EL Wasser bei
mäßiger Hitze schmelzen lassen,
eventuell Rum hinzufügen.

Orangeat:
kandierte Fruchtschale der Orange.

Maizena:
Maisstärke, geruchs- und geschmack-
neutrales Bindemittel.

Marillen:
österreichischer Ausdruck für
Aprikosen.

Mascarpone:
ein italienischer Weichkäse aus Kuhmilch mit erfrischendem Geschmack
und butterartiger Konsistenz (ca. 50 %
Fett in der Trockenmasse).

Muskat:
Kern der pfirsichartigen Frucht des

Muskatnussbaumes. Entfaltet sein Aroma am besten, wenn er frisch über die Speisen gerieben wird.

Neugewürz:
auch Piment, Gewürz aus den getrockneten Beeren des Nelkenpfefferbaums, dessen feiner Geschmack an Nelken, Zimt und Muskat erinnert.

Nougat:
Masse aus Mandeln oder Nüssen, karamelisiertem Zucker und Kuvertüre.

Pignoli:
auch Pinienkerne, hartschalige, stark ölhaltige Samen der Pinie (Kiefernart) mit edlem Geschmack.

Pottasche:
geruchloses weißes Salz, das als Triebmittel vor allem für Lebkuchen verwendet wird.

Ribisel:
österreichischer Ausdruck für Johannisbeeren.

Ricotta:
topfenähnlicher italienischer Frischkäse aus Kuh- oder Schafmilch.

Rosenwasser:
Lösung von Rosenöl in Wasser, das gerne zum Aromatisieren verwendet wird.

Rum:
Branntwein aus Zuckerrohr.

Safran:
getrocknete Blütenstempel aus einer Krokuspflanze im Mittelmeerraum mit intensiven Färbeeigenschaften.

Schlagobers:
österreichischer Ausdruck für Sahne.

Sherry:
spanischer Dessertwein aus weißen Weintrauben.

Staubzucker:
österreichischer Ausdruck für Puderzucker.

Topfen:
österreichischer Ausdruck für Quark (Frischkäse aus Kuhmilch).

Weinbrand:
Branntwein aus Wein.

Zimt:
getrocknete Innenrinde des Zimtbaumes, als intensives Aroma und Heilpflanze geschätzt.

Zitronat:
auch Zedrat; kandierte Fruchtschale der Zitrone.

Verwendete Abkürzungen:

EL = Esslöffel

KL = Kaffeelöffel

TL = Teelöffel

l = Liter

Pkg. = Packung

Apfeltorte

mit Schlagobers

Zutaten für 12 Portionen:
1 Pkg. tiefgefrorener Blätterteig
5 Äpfel
1/4 l Schlagobers
1/4 l Sauerrahm
1 Pkg. Vanillepuddingpulver
1 Ei
6 EL Staubzucker mit etwas Vanillezucker
vermengt
3 EL Joghurt
80 g gehobelte Mandeln

Gehobelte Mandeln kurz ohne Fett rösten und
an die Seite stellen. Blätterteig auftauen lassen,
etwas ausrollen und eine flache Form von ca.
25 cm Durchmesser damit auslegen. Den
Boden mit einer Gabel mehrmals einstechen.
Backrohr auf 180° vorheizen. Äpfel schälen,
entkernen und in dünne Scheiben schneiden.
Den Boden dicht damit belegen. In einer
Schüssel das Schlagobers, Sauerrahm, Puddingpulver, das ganze Ei, Staubzucker und das
Joghurt verrühren. Diese Masse über die Äpfel
in der Tortenform gießen. Die gerösteten
Mandeln darüber streuen und bei 180°
60 Minuten im Rohr backen.

Tipp: Servieren Sie die Torte lauwarm.

Zubereitungszeit: ca. 1 1/2 Stunden

Apfelkoch

mit Apfelschaum

Zutaten für 4 Portionen:
1/2 kg Äpfel
3 Eier
120 g Zucker
150 g geriebene Biskotten
etwas Zimt
etwas geriebene Zitronenschale
2 TL Rum
Butter

Apfelschaum:
2 Eidotter
1/8 l Apfelsaft
1 1/2 EL Zucker
1 TL Weinbrand
Preiselbeer- und Minzeblätter zur Verzierung

Äpfel im Rohr braten, schälen, vom Kerngehäuse lösen und passieren. Eidotter mit der
Hälfte des Zuckers schaumig rühren, Apfelmasse, Zimt, Rum und Zitronenschale dazugeben. Eiklar mit dem restlichen Zucker zu
Schnee schlagen. Biskotten und Schnee vorsichtig unter die Apfelmasse heben, kleine
Förmchen bebuttern und bemehlen, Apfelmasse einfüllen. Förmchen in ein mit 2 cm
Wasser gefülltes Geschirr stellen und bei 180°
ca. 35 Minuten backen. Aus der Form stürzen
und mit Apfelschaum, Minzeblättern und
Preiselbeeren anrichten.

Apfelschaum:
Eidotter, Apfelsaft, Weinbrand und Zucker über
dem Wasserbad cremig aufschlagen.

Zubereitungszeit: ca. 50 Minuten

Apfelküchel

Zutaten für 4 Portionen:
6 säuerliche Äpfel
etwas Rum
2 EL Staubzucker

Teig:
350 g Mehl
1 EL Sonnenblumenöl
1 Prise Salz
1/2 l helles Bier
3 Eiklar
2 Eidotter
1 EL Rum
Sonnenblumenöl zum Ausbacken
3 EL Staubzucker

1 Messerspitze Zimt

Äpfel schälen, Kerngehäuse entfernen und Äpfel in ca. 1 cm dicke Scheiben schneiden. Apfelscheiben mit Rum beträufeln und mit Staubzucker bestreuen. Für den Teig Mehl, Salz und Öl verrühren, das Ganze mit Bier aufgießen und zu einem glatten Teig rühren, mit 1 EL Rum abschmecken. Die Eiklar zu festem Schnee schlagen und mit den Eidottern unter den Teig heben.

Apfelscheiben in den Teig tauchen und in heißem Öl goldbraun ausbacken. Staubzucker mit 1 Messerspitze Zimt mischen, Apfelscheiben zum Schluß damit bestreuen.

Zubereitungszeit: ca. 40 Minuten

Apfelnockerln
mit Zimtschaum

Zutaten für 8 Portionen:
80 g Butter, 2 Eier, 400 g Topfen
8 Scheiben Weißbrot ohne Rinde (in Würfeln)
180 g Sauerrahm, 100 g Mehl, Zimt
4 Äpfel
1 Prise Salz
1/2 Pkg. Vanillezucker
1/4 l Apfelsaft
etwas geriebene Zitronenschale
150 g grob gehackte Haselnüsse
3-4 EL Rum

Zimtschaum:
1/8 l Milch, 70 g Zucker, 3 Eidotter
1 Stange Zimt, Vanillezucker, 1 TL Rum
etwas geriebene Zitronenschale

Butter, Topfen und Eier schaumig rühren. Äpfel schälen und grob reiben. Weißbrot, Äpfel, Mehl, Rahm, Salz, Vanillezucker, Zimt, Zitronenschale mit der Topfenmasse glatt rühren. Für eine halbe Stunde in den Kühlschrank stellen. Ca. 3/4 l Wasser mit Apfelsaft und etwas Rum aufkochen. Aus der Masse Nockerln stechen und ca. 15 Minuten darin ziehen lassen; anschließend in den Haselnüssen wälzen.

Zimtschaum: Milch mit Zucker, Zitronenschale, Rum und Zimtrinde aufkochen, Eidotter und Vanillezucker dazugeben und über dem Wasserbad schaumig schlagen. Mit den Apfelnockerln servieren.

Tipp: Haselnüsse ohne Fett in der Pfanne rösten. Anstelle von Milch kann für den Zimtschaum auch Weißwein verwendet werden.

Zubereitungszeit: ca. 50 Minuten

Apfelschnitten mürb

Zutaten für 10 Portionen:
150 g Mehl
100 g Staubzucker
50 g Butter
1 Eidotter
1 Pkg. Vanillezucker
etwas geriebene Zitronenschale
5 große Äpfel
Marillenmarmelade
100 g Walnüsse gehackt
etwas Zimt
2 EL Rosinen

Mehl, Zucker, Vanillezucker, Butter, Eidotter
und geriebene Zitronenschale zu einem festen
Mürbteig kneten. Für ca. 30 Minuten im Kühlschrank rasten lassen. Teig nicht zu dünn ausrollen und ein kleines gebuttertes, bemehltes
Blech oder eine flache Pfanne damit auslegen.
Äpfel schälen, entkernen und in Spalten schneiden. Apfelspalten dachziegelförmig auf den Teig
legen. Marmelade erwärmen, Äpfel damit bestreichen. Mit wenig Zimt, Rosinen und gehackten Nüssen bestreuen. Im vorgeheizten Rohr
bei 190° ca. 40 Minuten backen.

Tipp: Nehmen Sie etwas Rum und Wasser und
legen Sie die Rosinen über Nacht darin ein.

Zubereitungszeit: ca. 60 Minuten

Apfelstrudel mürb

Zutaten für 10 Portionen:
250 g Mehl
80 g Butter
60 g Zucker
1 Eidotter
2 EL Milch
1 Messerspitze Backpulver
etwas geriebene Zitronenschale

Fülle:
3/4 kg säuerliche Äpfel
80 g Zucker
1/2 TL Zimt
50 g Rosinen
3 EL Semmelbrösel

Mehl, Butter, Zucker, Eidotter, Milch, Backpulver
und Zitronenschale zu einem festen Mürbteig
kneten und für 1/2 Stunde kühl stellen.

Backrohr auf 180° vorheizen und Blech mit
Backpapier belegen. Äpfel schälen, entkernen
und fein hobeln. Mit Zucker, Zimt, Rosinen und
Semmelbrösel vermischen, eventuell Saft von
1/2 Zitrone dazugeben.

Teig zu einem Rechteck ausrollen, mit der Fülle
belegen und einrollen. Mit Ei bestreichen und
auf das Blech legen, bei 180° ca. 30 Minuten
backen.

Tipp: In die Fülle 60 g gehobelte Mandeln
mengen.

Zubereitungszeit: 50 Minuten

Apfelstrudel

Zutaten für 4 Portionen:
6 säuerliche Äpfel
2 EL Rosinen
1 TL gemahlener Zimt
5 EL Zucker
1 Pkg. Vanillezucker
Saft von 1 Zitrone
6 EL Brösel
5 EL Butter
etwas Rum
50 g geriebene Mandeln
Butter zum Bestreichen
4 Strudelblätter

Butter in einem Topf mit festem Boden schmelzen, Brösel und Mandeln beigeben und kurz anrösten. Äpfel schälen, Kerngehäuse ausschneiden und feinblättrig schneiden.

Brösel-Mandel-Mischung mit Apfelscheiben, Zimt, Zucker, Vanillezucker, Zitronensaft, Rum und Rosinen vermengen. Je 2 Strudelblätter auf ein feuchtes Tuch legen und mit flüssiger Butter bestreichen. Jeweils die Hälfte der Fülle auftragen. Zuerst die Ränder einschlagen und dann mithilfe des Tuches zu einem Strudel rollen. Auf ein mit Backpapier belegtes Blech legen, mit Butter bestreichen und bei 180° ca. 20 Minuten backen.

Tipp: Besonders gut schmeckt der Apfelstrudel mit Vanillesauce.

Zubereitungszeit: ca. 50 Minuten

Baisertorte

Zutaten für 8 Portionen:
Biskuit: 5 Eier, 100 g Zucker, 150 g Mehl
1 Pkg. Vanillezucker
Creme: 1/2 l Milch, 120 g Zucker, 3 Eidotter
50 g Mehl, 1/2 l Schlagobers
1 Pkg. Vanillezucker
etwas geriebene Zitronenschale
Baisermasse: 5 Eiklar, Saft von 1/2 Zitrone
250 g Staubzucker
1 TL Vanillezucker

Eier, Zucker, Mehl und Vanillezucker sehr cremig schlagen. Masse in eine gebutterte, bemehlte Tortenform füllen und bei 180° im vorgeheizten Backrohr ca. 20 Minuten backen. Torte auskühlen lassen und in 3 sehr dünne Schichten quer schneiden.

Creme: Milch mit der Hälfte des Zuckers und der Zitronenschale in einem Topf mit schwerem Boden zum Kochen bringen, vom Herd nehmen. Eidotter mit dem restlichen Zucker und Vanillezucker sehr schaumig rühren und das Mehl unter Rühren einmengen. Anschließend die heiße Milch dazu rühren. Auf kleiner Flamme unter Rühren langsam kochen, bis die Creme dickt. Für 2 Stunden in den Kühlschrank stellen. Schlagobers schlagen und vorsichtig in die Vanillecreme einrühren. Tortenböden füllen und zusammensetzen und auf ein mit Backpapier belegtes Blech setzen.

Baisermasse: Eiklar leicht schlagen, Zitronensaft und Vanillezucker zugeben und mit dem Staubzucker zu festem Schnee schlagen. Die Torte sowohl an der Oberfläche wie am Rand mit der Baisermasse bedecken und für ca. 3 Minuten bei 250° überbacken.

Tipp: Beim Auftragen der Baisermasse lässt sich mit der Gabel ein hübsches Muster dekorieren.

Zubereitungszeit: ca. 60 Minuten

Becherkuchen

Zutaten für 12 Portionen:
3 Eier
1 Joghurtbecher Zucker
1 Pkg. Vanillezucker
1 Becher Sauerrahm (1/4 l)
1/2 Joghurtbecher Sonnenblumenöl
1 Joghurtbecher geriebene Nüsse
1 Joghurtbecher griffiges Mehl
1/2 Pkg. Backpulver
1 Joghurtbecher Kakao

Eier, Zucker und Vanillezucker sehr schaumig rühren. Sauerrahm und Öl beimengen. Kakao, Nüsse, Mehl und Backpulver miteinander vermengen. Dieses Gemisch dann unter den Teig heben. Den Teig in eine gebutterte, bemehlte Form füllen und die Masse bei 180° ca. 60 Minuten backen.

Tipp: Glasieren Sie den Kuchen mit Schokoladenglasur, dann bleibt er für einige Tage saftig.

Zubereitungszeit: ca. 15 Minuten

Birnenkuchen

Zutaten für ca. 8 Portionen:
Mürbteig:
250 g Mehl, 130 g Butter
90 g Staubzucker, 1 Prise Salz
etwas geriebene Zitronenschale
Belag:
5 feste Birnen, 5 EL Honig, 20 g Maizena
90 g Staubzucker, 4 Eier, 1/4 l Schlagobers
4 EL Marillenmarmelade
1 EL Birnenschnaps
50 g gehobelte Mandeln

Alle Zutaten für den Mürbteig flott miteinander verkneten. Zugedeckt für ca. 1 Stunde in den Kühlschrank stellen. Teig ca. 10 Minuten im warmen Raum stehen lassen, nochmals durchkneten und auf einer bemehlten Arbeitsfläche ausrollen. Obstkuchenform mit Butter ausstreichen und bemehlen. Teig in die Form legen und mehrmals mit einer Gabel einstechen. Bei ca. 200° für 15 Minuten backen. Aus dem Rohr nehmen, leicht auskühlen lassen.

Birnen schälen, vierteln, Kerngehäuse ausschneiden und in schmale Spalten schneiden. Honig in einem Topf erhitzen, Birnen einlegen und unter ständigem Wenden glacieren. Anschließend die Birnen in ein Sieb geben und abtropfen lassen. Zucker und Maizena vermischen, Eier und Schlagobers untermischen.

Mandeln in einer Pfanne ohne Fett rösten, auskühlen lassen. Kuchenboden mit Birnen belegen, mit der Schlagobersmischung übergießen und bei ca. 180° für 40 Minuten backen.

Marmelade erwärmen, mit Schnaps aromatisieren und den Kuchen damit bestreichen. Mit gerösteten Mandeln bestreuen.

Tipp: Verwendet man anstelle von Mandeln fein gehackte Pistazien, verfeinert sich das Aroma. Mürbteig lässt sich auch gut auf Vorrat einfrieren.

Zubereitungszeit: ca. 60 Minuten

Biskuitroulade

Zutaten für 6 Portionen:
5 Eier
100 g Mehl
150 g Zucker
1/2 Pkg. Vanillezucker
etwas geriebene Zitronenschale
1 Prise Salz
6 EL Preiselbeermarmelade
1/16 l Rum

5 ganze Eier, Mehl, Zucker, Vanillezucker, 1 Prise Salz und Zitronenschale mit dem Mixer cremig schlagen. Auf ein mit Backpapier ausgelegtes Blech gießen und glatt verstreichen. 15 Minuten bei 180° backen. Teig aus dem Rohr nehmen und verkehrt auf die Arbeitsplatte legen, sodass das Papier oben ist. Papier befeuchten und abziehen.

Preiselbeermarmelade erwärmen, mit Rum verrühren und auf dem Teig verstreichen. Teig zur Roulade einrollen. Mit Staubzucker bestreuen.

Tipp: Dazu passt Fruchtdessert:
1 EL Butter, 3 Äpfel, 3 EL Weißwein,
2 EL Zucker, 1 Prise Zimt

Butter, Zimt und Zucker erhitzen, mit Weißwein ablöschen. Geschälte, klein geschnittene Äpfel darin dünsten, auskühlen lassen. Zur Roulade servieren.

Eventuell mit Minzeblatt garnieren.

Zubereitungszeit: ca. 50 Minuten

Brandteigkrapferln

Zutaten für 4 Portionen:
1/2 l Milch
140 g Butter
1 Prise Salz
1 TL Zucker
200 g Mehl
5 Eier
nach Belieben Schlagobers, Früchte, Schokoladencreme oder Vanillecreme zum Füllen

Milch, Butter, Salz und Zucker zusammen in einem Topf aufkochen lassen. Das ganze Mehl auf einmal dazugeben, Hitze reduzieren, kräftig weiterrühren, bis sich der Teig vom Boden des Topfes löst. Den Topf vom Herd nehmen und den Teig etwas abkühlen lassen. Eier nach und nach darunter rühren, bis sich der Teig gut verbunden hat.

Backrohr auf 200° vorheizen. Die Masse in einen Spritzsack mit großer Sterntülle füllen und auf ein mit Backpapier belegtes Blech große Krapfen spritzen. Bei 200° ca. 20 Minuten backen. Etwas abkühlen lassen, mittig durchschneiden und entweder mit Schlagobers, Früchten, Schokoladencreme oder Vanillecreme füllen.

Zubereitungszeit: ca. 50 Minuten

Buchteln

Zutaten für 4 Portionen:
1/8 l lauwarme Milch
250 g Mehl
50 g Zucker
20 g frische Germ
2 Eidotter, 1 Ei
1 Prise Salz
etwas geriebene Zitronenschale
1 EL Rum
1 Pkg. Vanillezucker
50 g Butter
1/8 l Schlagobers

Milch, Germ, 50 g Mehl und 20 g Zucker miteinander vermengen und an einem warmen Ort gehen lassen.

200 g Mehl, Eidotter, Ei, 20 g Zucker, 1 Prise Salz, Zitronenschale, Rum und Vanillezucker und Germ zu einem glatten Teig verkneten. Butter dazugeben und nochmals durchkneten. Den Teig zugedeckt an einem warmen Ort gehen lassen, bis die Menge doppelt so groß ist.

Eine große feuerfeste Form mit Butter ausstreichen. Schlagobers mit 10 g Zucker verrühren und hineingießen.

Den Teig auf einer bemehlten Arbeitsfläche ausrollen, kleine Stücke abschneiden, daraus Kugeln formen und dicht nebeneinander in die Form setzen. Nochmals 10 Minuten gehen lassen. Das Backrohr auf 180° vorheizen. 1 Eidotter mit 2 EL Milch verrühren, Buchteln damit bestreichen und bei 180° ca. 30 Minuten backen.

Tipp: Eine feine Variante ist, Buchteln mit Powidl zu füllen und Vanillesauce dazu zu reichen.

Zubereitungszeit: ca. 50 Minuten

Buchteln

nach Alt-Wiener Art

Zutaten für 10 Portionen:
400 g Mehl
3/8 l lauwarme Milch
30 g Germ
80 g Zucker
100 g Zucker
4 Eidotter
1 Prise Salz
1/2 Pkg. Vanillezucker
etwas geriebene Zitronenschale
100 g Butter für den Teig
ca. 50 g Butter zum Bepinseln

2 EL Milch, Germ, 1 EL Zucker und 1 EL Mehl miteinander verrühren und gehen lassen (Dampfl).

Butter, Zitronenschale, Salz und Eidotter mit der restlichen Milch erwärmen und verrühren, dann mit dem restlichen Mehl und Dampfl zu einem Teig vermischen. Den Teig so lange schlagen, bis er sich vom Geschirr löst. Teig zudecken und gehen lassen, dann auf einer bemehlten Arbeitsfläche fingerdick ausrollen und 3 cm große Stücke ausstechen. Mit flüssiger Butter bepinseln und in eine gebutterte Backform setzen. Mit einem Tuch zudecken und nochmals gehen lassen. Backrohr auf 180° vorheizen. Buchteln bei 180° ca. 35 Minuten backen.

Zubereitungszeit: ca. 50 Minuten

Brandteigkrapferln (Rezept Seite 99) ➤

Dattel-Mandel-Torte

Zutaten für 8 Portionen:
150 g entkernte Datteln
70 g Rohmarzipan
Saft von 1 Zitrone
2 TL Staubzucker
1/2 Pkg. Vanillezucker
6 Eiklar
190 g Kristallzucker
300 g geschälte, geriebene Mandeln
70 g gehobelte Mandeln

Datteln in kleine Streifen schneiden. Marzipan zerkleinern und mit Datteln, Zitronensaft, Staubzucker und Vanillezucker verrühren. Backrohr auf 180° vorheizen. 6 Eiklar und Kristallzucker zu steifem Schnee schlagen und mit geriebenen Mandeln vorsichtig mischen. Eine Tortenform bebuttern und mit gehobelten Mandeln bestreuen. Tortenmasse einfüllen, glatt streichen und restliche gehobelte Mandeln darüber streuen. Bei 180° ca. 40 Minuten backen. Auskühlen lassen und mit Staubzucker bestreuen.

Tipp: Rohmarzipan hat einen geringen Zuckergehalt und ist daher intensiver im Geschmack. Im guten Fachhandel erhältlich!

Zubereitungszeit: ca. 70 Minuten

Diplomatengugelhupf

Zutaten für 8 Portionen:
1/4 l Milch
1/4 l Schlagobers
2 Eidotter
50 g Zucker
1 Pkg. Vanillezucker
6 Blatt Gelatine
3 Scheiben Ananas
1 EL Rum
Schale von 1 Zitrone
300 g Erdbeeren
15–20 Biskotten
etwas Milch mit 2 TL Rum zum Befeuchten

Biskotten in der Rummilch kurz befeuchten und eine Gugelhupfform damit auslegen. Gelatine für 10 Minuten in kaltes Wasser legen.

Milch, Zucker und Vanillezucker aufkochen und vom Herd nehmen, Eidotter einrühren. Gelatine ausdrücken und in der heißen Milch auflösen. Milchmischung erkalten lassen. Schlagobers steif schlagen. Ananas und zwei Drittel der Erdbeeren klein schneiden. Noch bevor die Dottermilch zu gelieren beginnt, Schlagobers und Früchte einrühren, Masse in die Gugelhupfform füllen und einige Stunden in den Kühlschrank stellen.

Aus der Form stürzen und mit den restlichen Erdbeeren garnieren.

Zubereitungszeit: ca. 30 Minuten

Erdbeer-Joghurttorte

Zutaten für 12 Portionen:
1 Packung Biskotten
1/2 kg Erdbeeren
1/2 l Schlagobers
1/2 l Joghurt
10 Blatt Gelatine

1 Tortenform am Boden und Rand mit Biskotten auslegen.

Erdbeeren entstielen, waschen, trockentupfen und mit dem Mixstab pürieren. Gelatine im kalten Wasser bedeckt für 10 Minuten liegen lassen. Joghurt und Erdbeeren vermengen. Gelatine aus dem Wasser nehmen und gut ausdrücken, in der Erdbeer-Joghurt-Creme gut verrühren.

Schlagobers steif schlagen und vorsichtig unterheben. Creme in die Tortenform gießen, mit Klarsichtfolie bedecken und für mindestens 5 Stunden in den Kühlschrank stellen.

Die Torte sollte innerhalb von 2 Tagen aufgegessen werden.

Zubereitungszeit: ca. 40 Minuten

Erdbeerstrudel

Zutaten für 2 Strudel:
4 Blatt Gelatine
800 g feste Erdbeeren
50 g Kristallzucker
100 g Butter
80 g Semmelbrösel
50 g Zucker
200 g gehobelte Mandeln
4 Blätter Fertig-Strudelteig
Staubzucker zum Bestreuen

50 g Butter in einem Topf zergehen lassen, Mandelblätter zugeben und weiterrühren. Nach 2 Minuten Semmelbrösel und 50 g Kristallzucker dazugeben und unter ständigem Rühren rösten. Vom Herd nehmen und auskühlen lassen. Erdbeeren putzen, waschen und trockentupfen, mit 50 g Zucker vermengen.

Backblech mit Backpapier belegen. Backrohr auf 200° vorheizen. Ein Fertig-Strudelblatt auf ein feuchtes Tuch legen, mit zerlassener Butter bestreichen, zweites Fertig-Strudelblatt darauf legen. Mandelbrösel und Erdbeeren zur Hälfte darauf verteilen. Seitliche Teigränder einschlagen, den Strudel einrollen und auf das Backblech legen. Den zweiten Strudel zubereiten, mit Butter bestreichen und 15 Minuten goldgelb backen. 10 Minuten rasten lassen und mit Staubzucker bestreuen.

Tipp: Warme Vanillecreme dazu rundet den Geschmack ab.

Zubereitungszeit: ca. 45 Minuten
(zum sofortigen Genuss)

Faschingskrapfen

Zutaten für ca. 20 Portionen:
500 g Mehl, 30 g Germ
60 g Butter, 60 g Zucker
4 Eidotter, 1 Pkg. Vanillezucker
etwas geriebene Zitronen- und Orangenschale
1 EL Rum, 1 Prise Salz
1/4 l Milch
Marillenmarmelade, mit etwas Rum glatt gerührt

30 g Germ, 1 TL Zucker, 4 EL Mehl und etwas lauwarme Milch miteinander verrühren und an einem warmen Ort aufgehen lassen.

In der Mitte des restlichen Mehls eine Grube machen, Dampfl hineingeben und mit Mehl zudecken. Langsam zerlassene Butter, lauwarme Milch, Zucker, Salz, Eier, Zitronen-/Orangenschale, Vanillezucker und Rum einarbeiten, gut verkneten und nochmals aufgehen lassen. Anschließend ca. 1 cm dick ausrollen und Scheiben ausstechen. In die Mitte der Scheibe Marillenmarmelade setzen, eine ausgestochene Scheibe darauf setzen, so dass kein Mehl dazwischen gelangen kann. Ränder gut niederdrücken und nochmals zugedeckt gehen lassen. Mit der Oberseite nach unten in nicht zu heißem Fett 3 Minuten schwimmend backen, umdrehen und fertig backen. Abtropfen lassen und mit Zucker bestreuen.

Tipp: Marmelade genau in die Mitte setzen, sonst bekommen die Krapfen kein weißes Rändchen.

Zubereitungszeit: ca. 40 Minuten

Feigenschokoladentorte

Zutaten für ca. 12 Portionen:
Biskuit:
2 Eier, 50 g Mehl
100 g Zucker, 1 EL Kakao
etwas geriebene Zitronenschale
Belag:
10 frische Feigen
1 Pkg. Tortengelee
1/4 l Weißwein
Creme:
250 g weiße Kuvertüre
2 Eidotter, 3 EL Staubzucker
1/4 l Schlagobers

Eier, Mehl, Kakao, Zucker und Zitronenschale schaumig schlagen. Masse in eine gebutterte, bemehlte Tortenform füllen und bei 180° ca. 20 Minuten backen.

Feigen in Scheiben schneiden.

Creme: Schlagobers schlagen und kalt stellen. Eidotter und Zucker über Dunst cremig schlagen, vom Dunst nehmen und kalt schlagen. Kuvertüre über dem Wasserbad lippenwarm schmelzen. Dottermischung mit Kuvertüre vermischen und unter das Schlagobers heben. Creme auf dem Tortenboden gleichmäßig verstreichen und mit den Feigen belegen. Tortengelee mit Weißwein wie auf der Packung beschrieben zubereiten und über die Tortenoberfläche gießen. Eventuell mit einem Pinsel verstreichen und die Torte anschließend kalt stellen.

Tipp: Das Tortengelee kann mit dem Saft von 1/2 Zitrone verfeinert werden.

Zubereitungszeit: ca. 50 Minuten

Flammeri

mit Essig & Öl

Zutaten für 6 Portionen:
30 g Grieß
30 g Zucker
1 Eidotter
3 Blatt Gelatine
3/16 l Milch
3/16 l Schlagobers
Vanillezucker
Salz
1 EL Orangenlikör
1 EL gut gelagerter Balsamicoessig
2 EL feines Kürbiskernöl
1/8 l Schlagobers zum Garnieren

Gelatine in 5 EL Wasser einweichen, Milch mit einer Messerspitze Vanillezucker und einer Prise Salz aufkochen, Grieß zugeben und dick einkochen. In die noch warme Masse Eidotter, Orangenlikör und die eingeweichte Gelatine rühren und anschließend auskühlen lassen. Schlagobers schlagen und unter die Grießmasse heben. Masse in eine mit Klarsichtfolie ausgelegte Rehrückenform füllen, mit Folie abdecken und im Kühlschrank für mindestens 5 Stunden kühlen.

Vor dem Anrichten die Rehrückenform kurz in heißes Wasser tauchen, Flammeri stürzen, in Scheiben schneiden und auf gekühlte Teller setzen.

Balsamicoessig und Kürbiskernöl vermengen und je 1 1/2 TL auf dem Flammeri verteilen. Mit geschlagenem Schlagobers garnieren.

Zubereitungszeit: ca. 40 Minuten

Früchtebrot

Zutaten für 12 Portionen:
200 g kandierte Ananas
100 g gewürfeltes Zitronat
250 g kandierte rote und grüne Kirschen
100 g fein gehackte Walnüsse
100 g fein gehackte Haselnüsse
100 g fein gehackte Mandeln
50 g fein gehackte Pignoli
300 g Rosinen
5 EL Sherry
220 g Butter
300 g Zucker
1 Prise Salz und Muskatnuss
6 Eier
400 g Mehl
1/2 Pkg. Backpulver

Alle Früchte klein schneiden und mit den Nüssen, Rosinen und dem Sherry mischen. Zugedeckt über Nacht ruhen lassen.

Eine Kastenform bebuttern und bemehlen und das Backrohr auf 150° vorheizen. Butter und Zucker, Salz, Muskatnuss und Eier schaumig rühren. Das Mehl mit Backpulver vermischen und unterheben. Den Teig mit der Fruchtmasse mischen, in die Kastenform füllen und glatt streichen. Bei 150° ca. 2 Stunden backen.

Ausgekühlten Kuchen in einem feuchten Tuch und Alufolie für 2 Wochen im Kühlschrank lagern.

Zubereitungszeit: ca. 60 Minuten

Früchtereis

Zutaten für 8 Portionen:
1/2 l Milch
50 g Zucker
8 Blatt Gelatine
150 g Rundkornreis
1/2 l Schlagobers
200 g Pfirsiche
2 EL Rum
1/2 Pkg. Vanillezucker
Salz
1/2 l Joghurt
1 EL Zucker
150 g Himbeeren
100 g Himbeeren zum Garnieren

Gelatine in wenig kaltem Wasser einweichen. Schlagobers steif schlagen und kalt stellen.

Milch, Zucker, Vanillezucker, Salz aufkochen und Reis dazugeben, weich dünsten. Reis auskühlen lassen. Früchte (Pfirsiche) schälen, entkernen und klein schneiden. Gelatine ausdrücken und mit den Pfirsichen unter den Reis mischen. Rum und Schlagobers unterheben. Förmchen mit kaltem Wasser ausspülen, Masse einfüllen und für ca. 5 Stunden in den Kühlschrank stellen.

Zucker, Himbeeren und Joghurt pürieren. Reis aus den Förmchen stürzen, auf kalten Tellern anrichten, mit Sauce und Himbeeren garnieren.

Tipp: Für die Sauce eignen sich auch gefrorene Früchte.

Zubereitungszeit: ca. 40 Minuten

Gugelhupf

Zutaten für ca. 10 Portionen:
4 Eidotter
4 Eiklar
1/4 l Schlagobers
1 Pkg. Vanillezucker
270 g Kristallzucker
270 g Mehl
1/2 Pkg. Backpulver
3 EL Milch
4 EL Nutella

Schlagobers halbfest schlagen, Zucker und Vanillezucker einarbeiten und weiterschlagen.

4 Eidotter, Mehl, Backpulver und Milch unterrühren. Eiklar zu festem Schnee schlagen und vorsichtig unterheben. 1/3 der Masse mit Nutella vermengen.

Gugelhupfform bebuttern und bemehlen. Zuerst dunkle Nutellamasse einfüllen, dann restliche helle Masse einfüllen. Bei 180° im vorgeheizten Rohr ca. 60 Minuten backen.

Tipp: Vor dem Einfüllen der Teigmasse in die Gugelhupfform diese mit blanchierten Mandeln auslegen.

Zubereitungszeit: ca. 80 Minuten

108

Hasenohren

Zutaten für 35 Stück:
500 g Mehl
250 g Butter
3 Eidotter
3 EL Staubzucker
4 EL Weißwein
7 EL Sauerrahm
etwas geriebene Zitronenschale
Öl zum Ausbacken
2 EL Staubzucker
Preiselbeerkompott
1/8 l Schlagobers
1 Prise Salz

Mehl mit Butter, Zucker, Zitronenschale, Eidottern, Weißwein, Sauerrahm und Salz zu einem Teig kneten. Teig für 1/2 Stunde rasten lassen.

Teig auf einer bemehlten Arbeitsfläche ca. 1/2 cm dick ausrollen. Mit dem Teigrad hasenohrenförmige Stücke schneiden (ca. 8 cm Länge). Öl erhitzen. Hasenohren goldgelb backen, herausnehmen und abtropfen lassen. Hasenohren mit Staubzucker leicht bestäuben.

Mit Preiselbeerkompott und geschlagenem Schlagobers servieren.

Zubereitungszeit: ca. 40 Minuten

Hausfreunde

Zutaten für 40 Stück:
150 g Zucker
3 Eier
100 g Mehl
120 g gehackte Haselnüsse
80 g Rosinen
2 EL Rum
50 g kandierte, klein gewürfelte Früchte
1 Pkg. Vanillezucker
1 Prise Salz
2 EL Öl

Backrohr auf 180° vorheizen. Rosinen mit Rum beträufeln. Eier, Öl, Zucker und Vanillezucker schaumig rühren, bis eine cremige Masse entstanden ist. Die restlichen Zutaten untermischen.

Masse auf ein mit Backpapier belegtes Blech streichen und bei 180° für 25 Minuten backen. Hausfreunde in Streifen von ca. 6 x 3 cm schneiden, eventuell mit Zucker bestreuen.

Zubereitungszeit: ca. 30 Minuten

Himbeerkuchen

mit Eierlikör

Zutaten für ca. 10 Portionen:
230 g Mehl
1/2 Pkg. Backpulver
230 g Butter
230 g Staubzucker
1 Pkg. Vanillezucker
Saft von 1 Zitrone
4 Eier
400 g frische Himbeeren
1/8 l Eierlikör

Backblech mit Backtrennpapier belegen. Backrohr auf 180° vorheizen. Himbeeren leicht in Mehl wälzen.

Mehl, Backpulver, Butter, Zucker, Vanillezucker und Zitronensaft cremig rühren. Eier und Eierlikör untermengen und schaumig schlagen.

Masse auf das Backblech streichen, mit Himbeeren belegen und bei 180° ca. 50 Minuten backen.

Mit Zucker bestreut servieren.

Tipp: Schneehaube:
2 Eiklar mit 5 EL Zucker zu festem Schnee schlagen, 1/16 l Eierlikör dazugeben, den fertigen Kuchen damit bestreichen und nochmals 5 Minuten überbacken.

Zubereitungszeit: ca. 70 Minuten

Himbeerroulade

Zutaten für ca. 10 Portionen:
500 g Himbeeren
8 Eidotter
120 g Zucker
4 Eiklar
100 g Mehl
1/2 l Schlagobers
100 g Zucker
etwas geriebene Zitronenschale
30 g Pistazien

Backblech mit Backpapier belegen. Backrohr auf 180° vorheizen. 12 Himbeeren für die Garnierung zur Seite legen. Die Pistazien hacken.

Eidotter mit 2/3 des Zuckers und der Zitronenschale schaumig schlagen. Eiklar mit restlichem Zucker zu einem steifen Schnee schlagen und vorsichtig unter die Dottermasse heben. Mehl unterziehen. Den Teig auf das Blech streichen und bei 180° ca. 15 Minuten backen. Auf eine bemehlte Arbeitsfläche stürzen und das Papier abziehen.

Schlagobers mit Zucker steif schlagen (3 EL zur Seite stellen), Himbeeren leicht zerdrücken und unterheben. Die Roulade mit dem Himbeerschlagobers bestreichen und einrollen.

12 Schlagoberstupfen aufspritzen und mit je einer Himbeere und Pistazien garnieren.

Tipp: Restliches Eiklar kann eingefroren und eventuell für Kokosbusserln verwendet werden.

Zubereitungszeit: ca. 50 Minuten

Himbeertorte

Zutaten für 12 Portionen:
400 g Himbeeren
(oder 2 Pkg. Tiefkühl-Himbeeren)
100 g Mehl
70 g Staubzucker
40 g Butter
5 Eier
1 EL Kakaopulver
1 Pkg. Vanillezucker
etwas geriebene Zitronenschale
90 g Zucker
2 Eiklar

Himbeeren kurz waschen und trocknen lassen. Butter, 70 g Staubzucker, 5 Eidotter, Vanillezucker und geriebene Zitronenschale schaumig rühren. Mehl und Kakaopulver mischen. 5 Eiklar und 50 g Zucker zu steifem Schnee schlagen. Dottermasse und Kakaomehl vorsichtig unter den Schnee heben, dann die Himbeeren vorsichtig einmengen. Masse in eine gebutterte und bemehlte Tortenform gießen und bei 170° hell backen (ca. 50 Minuten). Torte noch heiß aus der Form nehmen und auskühlen lassen.

2 Eiklar und 40 g Zucker zu steifem Schnee schlagen, in einen Dressiersack mit großer Tülle füllen und ein Gitter auf die Torte spritzen. Bei 200° für 5 Minuten nachbacken. Eventuell mit Marzipanhimbeeren verzieren.

Tipp: Geben Sie dem steifen Schnee zum Gitterspritzen 1 EL Zitronensaft bei.

Zubereitungszeit: ca. 70 Minuten

Holler gebacken

Zutaten für 4 Portionen:
16 weiße Hollerblüten
120 g Mehl
1/8 l Milch
2 EL Öl
2 Eidotter
2 Eiklar
20 g Staubzucker
Salz
eventuell Fruchtsauce

Hollerblüten kurz waschen und trocknen lassen. Mehl, Milch, Öl, Eidotter und Salz kurz zu einem glatten Teig verrühren. Etwas rasten lassen. Eiklar mit Zucker zu festem Schnee schlagen und vorsichtig unter den Teig heben.

Hollerblüten am Stielende halten, in den Teig tauchen und im heißen Fett backen. Mit Staubzucker bestreuen und servieren. Fruchtsauce dazu reichen.

Tipp: Den Teig nicht länger rühren als notwendig, sonst wird er beim Backen zäh.

Zubereitungszeit: ca. 40 Minuten

112

Honig-Gewürzkuchen

Zutaten für 10 Portionen:
2 Eier
120 g Zucker
160 g Honig
1 Pkg. Backpulver
1 TL Lebkuchengewürz
1 Prise Zimt
1/8 l Milch
400 g Mehl
80 g klein geschnittene kandierte Früchte

Eier, Zucker und Honig schaumig schlagen. Backpulver, Mehl, Zimt und Lebkuchengewürz miteinander vermengen. Milch in die Honigmasse einrühren. Mehlmischung und kandierte Früchte untermengen.

Den Teig auf ein mit Backpapier belegtes Blech gießen, glatt streichen und bei 180° ca. 30 Minuten backen. Kuchen auf eine bezuckerte Arbeitsfläche stürzen und in mundgerechte Rauten schneiden.

Tipp: Festen Honig nur lippenwarm schmelzen, damit man wertvolle Inhaltsstoffe nicht zerstört.

Zubereitungszeit: ca. 30 Minuten

Husarenkrapfen

Zutaten für ca. 40 Stück:
250 g Mehl
120 g Butter
80 g Zucker
2 Eidotter
2 Eiklar
50 g geschälte, gehackte Mandeln
etwas glatt gerührte Ribiselmarmelade

Mehl, Butter, Zucker und Eidotter zu einem Teig kneten und 1/2 Stunde rasten lassen.

Aus dem Teig gleich große Kugerln formen, erst in Eiklar und dann in die gehackten Mandeln tauchen. Mit der nicht eingetauchten Seite auf ein mit Backpapier belegtes Blech setzen. An der Oberfläche mit einem Kochlöffelstiel eine kleine Vertiefung machen. Ribiselmarmelade einfüllen und bei 180° ca. 12 bis 15 Minuten backen.

Zubereitungszeit: ca. 25 Minuten

Kaiserschmarren

Zutaten für 4 Portionen:
1/4 l Milch
100 g Mehl
2 EL Zucker
6 Eidotter
6 Eiklar
Vanillezucker
Saft von 1 Zitrone
2 EL Rosinen
1 Prise Salz
1 1/2 EL Rum
etwas Staubzucker
etwas Zimt
Butter

Das Backrohr auf 200° vorheizen. Eiklar mit 2 EL Zucker zu steifem Schnee schlagen. Milch, Mehl, Eidotter, Zitronensaft, Vanillezucker, Salz und Rum zu einem glatten Teig rühren, den Schnee vorsichtig unterheben.

In einer Pfanne mit festem Boden Butter heiß werden lassen, Teig eingießen und am Herd anbacken, anschließend im Rohr bei 180° braun backen (ca. 30 Minuten). Masse aus dem Rohr nehmen und in kleine Stücke zerteilen. Rosinen beimengen und nochmals kurz im Rohr bräunen. Mit Zimt-Zucker bestreuen und mit Kompott servieren.

Tipp: Für einen noch feineren Teig können Sie die Hälfte der Milch durch Sauerrahm ersetzen.

Zubereitungszeit: ca. 50 Minuten

Karottentorte

Zutaten für 12 Portionen:
200 g Zucker
5 Eidotter
etwas geriebene Zitronenschale
1 EL Zitronensaft
2 EL Kirschschnaps
200 g geschälte geriebene Mandeln
200 g fein geriebene Karotten
50 g Mehl
5 Eiklar
Zitronenglasur:
250 g Staubzucker
2 EL Zitronensaft
1 EL Eiklar
Garnitur:
12 Marzipankarotten
(im Fachhandel erhältlich)
100 g Haselnusskrokant

Zucker und Eidotter im Wasserbad schaumig schlagen, bis die Masse sich verdoppelt und hell wird. Zitronenschale, Zitronensaft und Kirschschnaps beigeben. Die Karotten, Mandeln und das Mehl unter die Eimasse mengen. Das Eiklar zu steifem Schnee schlagen und zuletzt unterheben. Die Masse in eine gebutterte, bemehlte Tortenform füllen und bei 180° für 60 Minuten backen.

Glasur: Zucker, Zitronensaft und Eiklar miteinander verrühren und auf der Torte auftragen, mit einer warmen Spachtel verteilen. Seitlich mit Krokant bestreuen. 12 Marzipankarotten als Garnierung auflegen.

Zubereitungszeit: 1 1/2 Stunden

Kirschkuchen

Zutaten für ca. 8 Portionen:
100 g Mehl
50 g Staubzucker
1 Pkg. Vanillezucker
50 g Butter
4 Eidotter
4 Eiklar
etwas geriebene Zitronenschale
1 Messerspitze Zimt
2 EL geriebene, geschälte Mandeln
40 g Zucker
3/4 kg dunkle Kirschen

Kirschen waschen, entkernen und abtropfen lassen. Butter, Zucker, Vanillezucker, Zitronenschale und Zimt schaumig rühren. Mandeln und Mehl beimengen. 4 Eidotter einrühren.

Eiklar und Zucker zu steifem Schnee schlagen und unter die Masse heben.

Kirschen vorsichtig dazugeben. In eine gebutterte, bemehlte Wannenform gießen und bei 180° ca. 40 Minuten backen.

Zubereitungszeit: ca. 60 Minuten

Kiwi-Joghurt-Torte

Zutaten für 12 Portionen:
2 Eiklar
2 EL Zucker
1 Prise Salz
2 EL Mehl
2 EL geschälte, geriebene Mandeln
1 Tortengelee klar
Belag:
8 Blatt Gelatine
2 Eidotter
3 EL Zitronensaft
80 g Zucker
1/2 l Joghurt
1/4 l und 1/8 l Schlagobers
6 Kiwis

Eiklar zu steifem Schnee schlagen, mit Zucker, Salz, Mehl und Mandeln vorsichtig vermengen. Die Masse in eine gebutterte, bemehlte Tortenform füllen und bei 180° ca. 15 Minuten backen. Auskühlen lassen.

Gelatine 10 Minuten im kalten Wasser quellen lassen, leicht ausdrücken und mit 2 Eidottern, Zitronensaft und Zucker cremig rühren. Das Joghurt unterrühren. Schlagobers steif schlagen und unter die Joghurtmasse heben.

Joghurtcreme gleichmäßig auf dem Tortenboden verteilen und für 2 Stunden in den Kühlschrank stellen. Kiwis in Scheiben schneiden, Torte damit belegen und mit Tortengelee glasieren.

Zubereitungszeit: ca. 40 Minuten

Königstorte

Zutaten für 12 Portionen:
6 Eidotter
200 g Zucker
etwas geriebene Zitronenschale
200 g geschälte, geriebene Mandeln
6 Eiklar
100 g Mehl
100 g Butter
200 g glatt gerührte Marillenmarmelade
200 g Staubzucker
Saft von 1 1/2 Zitronen
12 ganze, geschälte Mandeln
12 Marzipanblätter (grün)

Eidotter, Zucker, Zitronenschale sehr schaumig rühren, Mandeln zugeben und zuletzt den steif geschlagenen Schnee unterheben. Butter zerlassen und mit dem Mehl vorsichtig einmengen.

Masse in eine gebutterte, bemehlte Tortenform füllen und bei 180° ca. 60 Minuten backen. Torte zweimal quer durchschneiden, mit Marillenmarmelade füllen und zusammensetzen.

Staubzucker und Zitronensaft glatt verrühren und die Torte damit glasieren. Mit ganzen Mandeln und Marzipanblättern garnieren.

Tipp: Torte an den Rändern und an der Oberfläche vor dem Glasieren mit Marmelade dünn bestreichen, das ergibt eine schöne Glasur.

Zubereitungszeit: ca. 40 Minuten

Kokosmakronen

Zutaten für 35 Stück:
250 g Kokosett
5 Eiklar
250 g Staubzucker
400 g Rohmarzipan
Saft von 1/2 Zitrone
2 EL Rum
100 g Milchkuvertüre

Eiklar mit der Hälfte des Staubzuckers zu festem Schnee schlagen. Restlichen Zucker in das Marzipan kneten.

Kokosett, Marzipan, Zitronensaft, Rum und Schnee miteinander verrühren. Backrohr auf 160° vorheizen. Den Teig in einen Spritzsack mit großer Tülle füllen und auf ein mit Backpapier belegtes Blech walnussgroße Kugeln spritzen. Bei 160° ca. 20 Minuten goldgelb backen. Makronen auskühlen lassen.

Milchkuvertüre über dem Wasserbad lippenwarm schmelzen. Makronen zu einem Drittel eintauchen und auf einem Kuchengitter trocknen lassen.

Zubereitungszeit: ca. 30 Minuten

Kuchen

mit kandierten Früchten

Zutaten für 10 Portionen:
50 g Butter
5 Eidotter
5 Eiklar
50 g Staubzucker
50 g Zucker
150 g Mehl
1 Pkg. Vanillezucker
etwas geriebene Zitronenschale
30 g gewürfeltes Zitronat
30 g kandierte rote Kirschen
30 g gewürfeltes Orangeat
30 g gehackte Mandeln
30 g Rosinen

Butter, Zucker und Eidotter cremig rühren, Vanillezucker und Zitronenschale dazugeben.

Eiklar und Staubzucker zu festem Schnee schlagen. Dottermasse, Rosinen, Zitronat, Orangeat, Kirschen, Mandeln und Mehl unter den Schnee mengen. Eine Wannenform bebuttern und bemehlen. Masse einfüllen. Im vorgeheizten Rohr bei 180° für ca. 1 Stunde backen. Kuchen auf ein bemehltes Brett stürzen und in der Form auskühlen lassen.

Tipp: Um ein Sinken der Früchte zu verhindern, Früchte vor dem Verarbeiten leicht in Mehl wälzen.

Zubereitungszeit: ca. 1 1/2 Stunden

Lebkuchen gefüllt

Zutaten für ca. 25 Stück:
350 g Roggenmehl
250 g getrocknete Pflaumen entkernt
1 Pkg. Backpulver, 80 g Rosinen
1 Messerspitze Ingwer, 150 g Datteln
1 Prise Muskatnuss, 150 g Kletzen
1 Prise Salz, 80 g gehackte Walnüsse
1/2 TL Neugewürz, 1 TL Zimt
50 g gewürfeltes Aranzini & Zitronat
200 g Honig, 6 EL Rum
180 g Rohzucker, 3 EL Zimt
2 Eier, 2 EL Rohzucker, 2 EL Kirschwasser
350 g Milchkuvertüre

Mehl, Backpulver, Salz, Neugewürz, Ingwer, Zimt und Muskatnuss vermengen. Honig mit Rohzucker aufkochen und auskühlen lassen. Honigmasse mit Mehl und Eiern vermengen und zu einem zähen Teig rühren. Nach Bedarf etwas Mehl oder Wasser zufügen. Den Teig 2 Stunden kühl stellen.

Backrohr auf 180° vorheizen, Blech mit Backpapier belegen. Lebkuchenteig auf einer bemehlten Arbeitsfläche fingerhoch ausrollen. Teig auf das Blech legen und ca. 15 Minuten bei 180° backen. Teigplatte halbieren, in ein feuchtes Tuch schlagen und 2 Tage rasten lassen. Kletzen in wenig Wasser weich kochen. Alle Früchte klein schneiden. Mit Rum, Kirschwasser, Zimt, Zucker, Nüssen, Zitronat, Aranzini und so viel Kletzenwasser vermengen, dass eine saftige Masse entsteht. Fruchtmasse auf einen Lebkuchen streichen und mit dem zweiten Lebkuchen bedecken, fest zusammendrücken und mit einem Brett beschweren. 1 Tag kühl lagern. Lebkuchen in mundgerechte Stücke schneiden und mit geschmolzener Kuvertüre bestreichen. Gefüllten Lebkuchen vor dem Servieren ca. 2 Wochen gut verschlossen aufbewahren.

Tipp: Im Fachhandel ist sehr gutes Lebkuchenfertigmehl erhältlich.

Zubereitungszeit: ca. 80 Minuten

Lebkuchenauflauf

Zutaten für 8 Portionen:
5 Eidotter
5 Eiklar
60 g dunkle Kuvertüre
3 EL Rum
100 g Butter
30 g Kristallzucker
60 g Staubzucker
70 g geschälte, geriebene Mandeln
40 g Lebkuchenbrösel
1 TL Lebkuchengewürz
Butter

Butter zergehen lassen, Rum und geriebene Kuvertüre zugeben.

Eidotter mit Staubzucker schaumig rühren. Eiklar mit Kristallzucker zu steifem Schnee schlagen. Buttermischung mit Dottermasse verrühren, den Schnee vorsichtig unterheben. Geriebene Mandeln, Lebkuchenbrösel und Lebkuchengewürz ebenfalls unterheben.

Kleine Auflaufförmchen mit Butter ausstreichen, Masse einfüllen und im Wasserbad bei ca. 180° im Rohr für 30 Minuten backen.

Tipp: Dazu passt Rotweinschaum:
1/4 l Rotwein mit 3 Dottern und 1 EL Zucker über Dampf aufschlagen.

Zubereitungszeit: ca. 60 Minuten

Linzer Torte

Zutaten für 10 Portionen:
250 g Butter
250 g Zucker
250 g geriebene Mandeln
280 g Mehl
3 Eidotter
1/2 Pkg. Backpulver
2 Backoblaten (15 x 20 cm)
Ribiselmarmelade
100 g gehobelte Mandeln
etwas Staubzucker
1 verrührtes Ei zum Bestreichen

Butter, Zucker und Eidotter schaumig rühren. Behutsam Mehl, Backpulver und geriebene Mandeln einmengen. In eine gebutterte, bemehlte Tortenform die Hälfte der Masse einfüllen und glatt streichen. Mit Oblaten belegen und mit Ribiselmarmelade bestreichen. Den Rest der Masse in einen Spritzsack füllen und ein Gitter aufspritzen. Das Gitter mit verrührtem Ei bestreichen und gehobelte Mandeln darüber streuen.

Bei 160° ca. 50 Minuten backen, mit Zucker bestreut servieren.

Tipp: Sie können der Masse 3 EL Schlagobers beimengen, dann wird die Torte saftiger.

Zubereitungszeit: ca. 70 Minuten

Linzer Würfel

Zutaten für 30 Stück:
180 g Butter
180 g Staubzucker
1 Prise Salz
1 Pkg. Vanillezucker
etwas geriebene Zitronenschale
1 Messerspitze Zimt
3 Eier
1 Eidotter
180 g geriebene Walnüsse
30 g Brösel
80 g Mehl
180 g Ribiselmarmelade
3 EL gehobelte Mandeln

Backrohr auf 180° vorheizen. Butter, Zucker, Zimt, Salz, Vanillezucker und Zitronenschale schaumig rühren. Eier und Eidotter nach und nach einrühren. Nüsse, Brösel und Mehl vermischen und in die Buttermasse einmengen.

2/3 der Masse auf ein mit Backpapier belegtes Blech streichen. Ribiselmarmelade glatt rühren und auf dem Teig verteilen. Restliche Teigmasse in einen Dressiersack mit großer Tülle füllen und ein Gitter auf die Masse spritzen. Mit den Mandeln bestreuen und bei 180° ca. 30 Minuten backen.

Tipp: Mandeln in einer Pfanne ohne Fett rösten. In die Marmelade 1 EL Rum einrühren.

Zubereitungszeit: ca. 40 Minuten

Mandarinentorte

Zutaten für 12 Portionen:
200 g Rohmarzipan
5 Eidotter
5 Eiklar
100 g Zucker
70 g Mehl
30 g Butter
50 g Marillenmarmelade
1 Pkg. Vanillezucker
1 Prise Salz
etwas geriebene Zitronenschale
5 Mandarinen

Rohmarzipan mit 2 EL Wasser, 5 Eidottern, Vanillezucker, Salz und geriebener Zitronenschale schaumig rühren. 5 Eiklar mit Zucker zu festem Schnee schlagen und in die Marzipanmasse einrühren. Mehl ebenfalls einmengen. Geschmolzene Butter zuletzt unterrühren. Backrohr auf 180° vorheizen, eine Tortenform bebuttern und bemehlen. Mandarinenspalten auf dem Teig verteilen und bei 180° ca. 40 Minuten backen.

Marillenmarmelade glatt rühren und die Torte damit bestreichen. Vor dem Servieren mit Zucker bestreuen.

Zubereitungszeit: ca. 35 Minuten

Malakofftorte (Rezept Seite 122) ➤

Malakofftorte

Zutaten für 12 Portionen:
50 Biskotten
2 Schalen Milch mit etwas Rum
oder Weinbrand
150 g Butter
200 g Staubzucker
150 g geschälte geriebene Mandeln
3 Eidotter
1/8 l Schlagobers
Kompottfrüchte zum Verzieren

Butter cremig rühren, nach und nach Zucker
und Eidotter beimengen, geriebene Mandeln
und 1/8 l ungeschlagenes Schlagobers unterheben. Creme soll von fester Konsistenz sein.

Biskotten kurz in die Rum-Milch tauchen und
eine Tortenform damit auslegen (Biskotten seitlich aufgestellt). Abwechselnd Creme und
Biskotten einfüllen. Als letzte Schicht Biskotten
legen. Torte mit Klarsichtfolie abdecken und
über Nacht in den Kühlschrank stellen. Am
nächsten Tag stürzen. Restliches Schlagobers
steif schlagen. Torte mit Schlagobers und
Früchten verzieren.

Tipp: Verwenden Sie für die Schlagobersverzierung etwas Schlagobersfestiger.

Zubereitungszeit: ca. 40 Minuten

Mandel-Frucht-Torte

Zutaten für 8 Portionen:
Mürbteig:
200 g Mehl
100 g Butter
etwas Salz
1/2 TL Zucker
6 EL Wasser
50 g Butter
80 g Staubzucker
60 g geriebene Mandeln ohne Schale
70 g Rohmarzipan
50 g Mehl
2 Eier
1 TL Backpulver
1 Prise Salz
15 Marillen (oder anderes Steinobst)

Backrohr auf 180° vorheizen. Mehl, Salz und
Zucker vermischen. Kleine Grube machen,
klein geschnittene kalte Butter und 6 EL Wasser zugeben. Schnell zu einem Teig verkneten,
mit Klarsichtfolie bedecken und eine halbe
Stunde kühl stellen. Mürbteig ausrollen, in eine
Tortenform legen, mit einer Gabel mehrmals
anstechen und 15 Minuten bei 180° backen.

50 g Butter, Staubzucker und geriebene
Mandeln schaumig rühren. Rohmarzipan klein
schneiden und ebenfalls einrühren. Eier
schaumig rühren und unter die Marzipanmasse
rühren. Mehl mit Backpulver vermischen und
zuletzt unterheben. Masse gleichmäßig am
Tortenboden verteilen. Marillen waschen,
trocknen, entkernen und klein schneiden. Auf
die Torte legen und bei 180° 30 Minuten
backen.

Tipp: Verfeinern Sie Ihre Torte, indem Sie
30 g Pignoli darauf streuen.

Zubereitungszeit: 60 Minuten

Mandelherzen

Zutaten für ca. 50 Stück:
250 g Butter
100 g Staubzucker
1 Eidotter
100 g gemahlene Mandeln
300 g Mehl
1 Eidotter
50 geschälte, ganze Mandeln

Butter mit Staubzucker und 1 Eidotter schaumig rühren. Mandeln und Mehl dazugeben und rasch zu einem festen Teig kneten. Teig zugedeckt für eine Stunde kühl rasten lassen.

Backrohr auf 180° vorheizen. Den Teig auf einer bemehlten Arbeitsfläche ca. 1 cm dick ausrollen und 50 kleine Herzen ausstechen. 1 Eidotter verquirlen und die Herzen damit bestreichen.

Auf jedes Herz eine Mandel setzen. Herzen auf ein mit Backpapier belegtes Blech legen und bei 180° ca. 12 Minuten backen.

Tipp: Vor dem Aufbewahren Herzen auskühlen lassen.

Zubereitungszeit: ca. 25 Minuten

Mandelparfait

Zutaten für 10 Portionen:
200 g Butter
200 g Zucker
200 g geschälte, fein geriebene Mandeln
3 Eier
etwas geriebene Orangenschale
Saft von 1/2 Zitrone
etwas geriebene Zitronenschale
2 Birnen
1 Kiwi
1/4 l + 1/8 l Schlagobers
2 EL Mandellikör
200 g Erdbeeren

Butter, Eier und Zucker schaumig rühren; Mandeln, Zitronensaft, Zitronenschale und Orangenschale beifügen. Schlagobers schlagen und unterheben. Eine Kastenform mit der Masse bedecken. Birnen schälen und in Spalten schneiden und in die Kastenform legen. Mit der restlichen Masse bedecken. Für 12 Stunden in den Tiefkühlschrank stellen.

Kiwi, Erdbeeren und Mandellikör pürieren. Terrine aus der Form stürzen, in Scheiben schneiden und auf einem Fruchtspiegel servieren.

Zubereitungszeit: ca. 40 Minuten

Marillenkuchen

Zutaten für 12 Portionen:
100 g Butter
3 Eidotter
Vanillezucker
100 g griffiges Mehl
3 Eiklar
etwas geriebene Zitronenschale
50 g Kristallzucker
50 g Staubzucker
Auflage:
1 kg Marillen
150 g gehobelte Mandeln
etwas Staubzucker

Butter und Staubzucker schaumig rühren, Vanillezucker, geriebene Zitronenschale sowie nach und nach 3 Eidotter einrühren. Eiklar und Kristallzucker zu festem Schnee schlagen.

Schnee und Mehl vorsichtig vermengen und unter die Masse heben. Die Masse in eine gebutterte, bemehlte Springform gießen. Mit gewaschenen, getrockneten und halbierten Marillen belegen. Mit gehobelten Mandeln bestreuen und bei 180° 45 Minuten backen. Mit Zucker bestreut servieren.

Tipp: Verwenden Sie nur ausgesuchte, feste Marillen. Gehobelte Mandeln vorher kurz anrösten.

Zubereitungszeit: 60 Minuten

Marillentascherln

Zutaten für 6 Portionen:
1 Pkg tiefgefrorener Blätterteig
2 Eier
50 g Zucker
1 Prise Zimt
1/2 Pkg Vanillezucker
4 EL gehobelte Mandeln
1 EL Mehl
1 1/2 EL Vanillepuddingpulver
50 g Butter
1 kg Marillen
1 Ei zum Bestreichen
1/4 l Schlagobers
12 Schokoladenblätter
6 Minzeblätter

Blätterteig auftauen lassen, ausrollen und in gleich große Vierecke schneiden.

Eidotter, Zucker, Vanillezucker und Zimt schaumig rühren. Eiklar zu steifem Schnee schlagen. Schnee mit Mehl, Puddingpulver und Mandeln mischen und unter die Dottermasse heben. Marillen waschen, trockentupfen, entkernen und teilen.

Backmasse auf den Teigviereken verteilen und die Marillenstucke darauf legen. Die Ränder der Vierecke mit Ei bestreichen, jeweils zwei Ecken übereinander schlagen und an den Rändern fest drücken. Mit flüssiger Butter bestreichen und auf ein mit Backpapier belegtes Blech legen. Bei 180° etwa 30 Minuten backen. Mit Schlagobers, Schoko- und Minzeblättern servieren.

Tipp: Zur Hälfte können Sie auch halbierte Weintrauben verwenden.

Zubereitungszeit: ca. 50 Minuten

Marillenschaumtorte

Zutaten für 12 Portionen:
80 g Butter
80 g Schokolade
80 g Staubzucker
4 Eidotter
80 g geriebene Haselnüsse
20 g Biskottenbrösel
4 Eiklar
20 g Zucker
1 Pkg. Vanillezucker
Schaummasse:
100 g Marillenmarmelade
100 g Staubzucker
3 Blatt Gelatine
3 EL Weißwein
1/4 l Schlagobers
100 g gehobelte Schokolade zum Garnieren
Saft von 1/2 Zitrone

Tortenform bebuttern und bemehlen, Backrohr auf 180° vorheizen. Butter, zerlassene Schokolade, Staubzucker und Dotter schaumig rühren. Haselnüsse, Brösel und Vanillezucker untermischen. 20 g Zucker und Eiklar zu festem Schnee schlagen und vorsichtig unter die Masse heben. In die Tortenform füllen und bei 180° ca. 50 Minuten backen. Aus dem Rohr nehmen und leicht auskühlen lassen.

Schaummasse: Marmelade, Zitronensaft und Zucker schaumig rühren. Gelatine in Weißwein auflösen und in die Marmelade mengen. Schlagobers schlagen und vorsichtig unterheben. Schaummasse am Tortenboden verteilen und kühl stellen. Mit gehobelten Schokoladenspänen garnieren.

Zubereitungszeit: ca. 60 Minuten

Marmorgugelhupf

Zutaten für 12 Portionen:
1/8 l Sonnenblumenöl
1/8 l Wasser
250 g Staubzucker
250 g Mehl
1/2 Pkg. Backpulver
etwas geriebene Zitronenschale
3 Eidotter
3 Eiklar
1 Prise Salz
1 Pkg. Vanillezucker
1 EL Kakao
3 EL Staubzucker zum Bestreuen

Öl, Wasser, Staubzucker, Vanillezucker, Mehl mit Backpulver vermengen, Zitronenschale und 3 Dotter schaumig schlagen, bis der Teig heller wird. Die Hälfte des Teiges in eine andere Schüssel füllen und mit Kakao verrühren.

3 Eiklar mit einer Prise Salz zu festem Schnee schlagen und in beide Teighälften vorsichtig unterheben.

Gugelhupfform buttern und bemehlen. Backrohr auf 180° vorheizen. Abwechselnd helle und dunkle Teigmasse einfüllen. Bei 180° ca. 60 Minuten backen. Mit Zucker bestreuen.

Tipp: Glasieren Sie den Gugelhupf mit dunkler Kuvertüre und bestreuen Sie ihn danach mit geriebener weißer Schokolade.

Zubereitungszeit: ca. 20 Minuten

Maronischnitten

Zutaten für ca. 8 Portionen:
250 g Maronipüree
1/2 Pkg. Vanillezucker
3 EL Rum
3 Eier
140 g Zucker
1 EL Kakao
2 EL Öl
100 g Mehl
etwas Ribiselmarmelade

Creme:
1/8 l Schlagobers, 100 g Kuvertüre
1 KL Vanillezucker
eventuell Schokoladenspäne

Eier und 140 g Zucker über Dunst warm schlagen, vom Dunst nehmen und kalt schlagen.

Mehl und Kakao darunter mischen und zuletzt das Öl darunter heben. Die Masse auf ein mit Backpapier belegtes Blech streichen (ca. fingerdick). 15 Minuten bei 180° backen, auskühlen lassen und das Papier abziehen. In ca. 4 cm breite Streifen schneiden und mit Ribiselmarmelade bestreichen.

Creme: Schlagobers und Kuvertüre schmelzen, aufkochen lassen und etwas Vanillezucker beigeben. Mit dem Mixer aufschlagen und für ca. 1/2 Stunde in den Kühlschrank stellen.

Maronicreme: Maronipüree mit Rum und Vanillezucker gut verrühren.

Kuchenstreifen mit Schokoladencreme bestreichen und schichtweise zusammensetzen. Zuletzt mit Maronicreme bestreichen und eventuell mit Schokoladenspänen garnieren.

Tipp: Fertiges Maronipüree aus der Dose schmeckt vorzüglich, die nicht verbrauchte Menge lässt sich gut einfrieren.

Zubereitungszeit: ca. 60 Minuten

128

Marzipankuchen

Zutaten für 10 Portionen:
100 g heller Haselnussnougat
100 g Rohmarzipan
4 Eidotter
4 Eiklar
130 g Butter
50 g Staubzucker
1/2 Pkg. Vanillezucker
1 Prise Salz
etwas geriebene Zitronenschale
1 EL Kristallzucker
150 g Mehl
100 g helle Kuvertüre
30 g Zuckergoldperlen

Wannenform mit Butter bestreichen und mit Mehl bestäuben. Backrohr auf 170° vorheizen. Nougat und Rohmarzipan in kleine Stücke schneiden. Butter mit Staubzucker, Vanillezucker, Zitronenschale, Salz und Dotter schaumig rühren (ca. 5 Minuten).

Eiklar mit Kristallzucker zu steifem Schnee schlagen. Nougat, Marzipan, Mehl und die Hälfte vom Schnee unter die Masse rühren, restlichen Schnee unterheben. Masse in die Form füllen und glatt streichen. Bei 170° ca. 50 Minuten backen. Auskühlen lassen und auf ein Kuchengitter stürzen. Helle Kuvertüre schmelzen und in Schlangenform über den Kuchen gießen. Mit Goldperlen verzieren.

Tipp: Zuckergoldperlen bekommen Sie im Fachgeschäft.

Zubereitungszeit: ca. 80 Minuten

Marzipanstollen

Zutaten für ca. 12 Portionen:
500 g Mehl
30 g Germ
3/4 l lauwarme Milch
100 g Butter
60 g Zucker
1 Prise Salz
200 g Rohmarzipan
2 Eiklar
2 EL Zucker
150 g geschälte, geriebene Mandeln
3 EL Rum
80 g Staubzucker
4 EL Zitronensaft

Backblech mit Backpapier belegen und Backrohr auf 200° vorheizen. 2/3 Mehl in eine Schüssel geben, in der Mitte eine Vertiefung drücken. Die Germ zerbröselt hineingeben, mit der Milch übergießen und mit etwas Mehl bestäuben. Schüssel mit einem Tuch zudecken und für 15 Minuten an einem warmen Platz gehen lassen.

Butter zerlassen und mit Zucker, Salz, dem restlichen Mehl und dem Germteig verrühren. Den Teig so lange rühren, bis er Blasen wirft, anschließend wieder ca. 1/2 Stunde gehen lassen.

Rohmarzipan mit Eiklar, Zucker, Mandeln und Rum vermischen. Germteig auf ca. 50 x 40 cm ausrollen, mit der Marzipanfülle bestreichen, einrollen und auf das Blech legen. Weitere 20 Minuten gehen lassen und anschließend bei 200° ca. 45 Minuten backen.

Staubzucker mit Zitronensaft verrühren und den Kuchen damit bestreichen.

Zubereitungszeit: ca. 60 Minuten

Mascarponetorte

Zutaten für 12 Portionen:
Biskuit:
5 Eier, 100 g Mehl, 150 g Zucker
1 Prise Salz, etwas geriebene Zitronenschale
1/2 Pkg. Vanillezucker
Mürbteig:
150 g Mehl, 50 g Zucker, 100 g Butter
1 Ei, Marillenmarmelade
Creme:
4 Blatt Gelatine, 3 Dotter, 1 Ei
100 g Zucker
etwas geriebene Zitronenschale
500 g Mascarpone, 1/4 l Schlagobers
100 g Schokoladenflocken zum Bestreuen

Biskuit: Eier, Mehl, Zucker, Salz, Vanillezucker und Zitronenschale cremig schlagen (ca. 5 Minuten). In eine gebutterte, bemehlte Tortenform füllen, glatt streichen und bei 180° ca. 15 Minuten backen.

Mürbteig: Mehl, Zucker, Butter und Ei rasch zu einem festen Teig kneten und für 1/2 Stunde im Kühlschrank rasten lassen. Teig ausrollen, in eine gebutterte Tortenform legen, mehrmals mit einer Gabel einstechen und bei 180° ca. 10 Minuten backen. Auskühlen lassen. Mürbteig mit Marillenmarmelade bestreichen und Biskuitboden aufsetzen.

Creme: Für die Creme Gelatine in kaltem Wasser einweichen, Dotter, Ei, Zucker, Zitronenschale und Mascarpone schaumig rühren. Schlagobers schlagen und darunter heben. Gelatine ausdrücken, in 2 EL Milch über dem Wasserbad glatt rühren. Gelatine in die Creme einrühren.

Biskuitboden damit ca. 3 Finger hoch bestreichen und für 4 Stunden in den Kühlschrank stellen. Mit Schokoladenflocken bestreuen.

Zubereitungszeit: ca. 75 Minuten

Mohnkuchen

mit Pfirsichen

Zutaten für 10 Portionen:
9 Eidotter
9 Eiklar
170 g Staubzucker
170 g Kristallzucker
450 g gemahlener Mohn
290 g Butter
1/2 kg Pfirsiche

Die Dotter mit Staubzucker schaumig rühren. Die Eiklar mit Kristallzucker zu steifem Schnee schlagen und mit der Dottermasse vorsichtig vermengen.

Butter langsam schmelzen lassen und in die Masse einrühren. Den gemahlenen Mohn zuletzt untermengen. In eine gebutterte, bemehlte flache Form füllen und glatt streichen.

Pfirsiche waschen, trocknen, entkernen und in Spalten schneiden. Teig damit belegen.

Bei 180° ca. 35 Minuten backen.

Zubereitungszeit: ca. 60 Minuten

Mohnnudeln

Zutaten für 6 Portionen:
450 g Mehl
120 g Butter
30 g Staubzucker
1 Ei
etwas geriebene Zitronenschale
30 g Germ
1/4 l Milch
1 Prise Salz
270 g Butter
6 EL gemahlener Mohn
2 EL Staubzucker
3 EL Kristallzucker, etwas Rum

120 g Butter, Mehl, Ei, 30 g Staubzucker, Zitronenschale, Germ, eine Prise Salz und warme Milch zu einem Teig rühren. Mit einem Tuch bedecken und an einem warmen Ort aufgehen lassen, bis er die dreifache Größe erreicht hat. Den Teig nochmals durchschlagen und erneut aufgehen lassen.

Auf einer bemehlten Arbeitsfläche zu kleinen Rollen formen und kleine Stücke abschneiden (ca. 4 cm Länge). Nochmals mit einem Tuch bedecken und gehen lassen.

Wasser mit etwas Rum und 3 EL Zucker zum Kochen bringen, Nudeln einlegen und ca. 8 Minuten ziehen lassen.

270 g Butter schmelzen lassen, Mohn und Staubzucker einrühren. Nudeln im Mohn wälzen, mit Staubzucker bestreut servieren. Kompott dazu reichen.

Zubereitungszeit: ca. 30 Minuten

130

Mohntorte

Zutaten für 12 Portionen:
170 g Butter
170 g Zucker
4 Eidotter
200 g fein gemahlener Mohn
50 g fein gehacktes Zitronat
6 Eiklar
5 EL Staubzucker
etwas geriebene Zitronenschale

Tortenform bebuttern und bemehlen, Backrohr auf 180° vorheizen. Butter mit Zucker schaumig rühren, Eidotter nacheinander unterrühren, zuletzt den Mohn, das Zitronat und die Zitronenschale untermischen.

Das Eiklar zu einem steifen Schnee schlagen und vorsichtig unter den Teig heben. Den Teig in die Tortenform füllen und glatt streichen. Bei 180° ca. 50 Minuten backen.

Die Mohntorte auf ein Kuchengitter stürzen, auskühlen lassen und mit Staubzucker bestreuen.

Tipp: Wälzt man das gehackte Zitronat vorher in Mehl, verteilt es sich besser im Teig.

Zubereitungszeit: ca. 70 Minuten

Mozartknödel
mit Lebkuchenbröseln

Zutaten für ca. 8 Portionen:
Knödelteig:
60 g Butter, 60 g Zucker
2 Eidotter, 2 Eiklar
etwas geriebene Zitronenschale
1 KL Vanillezucker, 1 Prise Salz
160 g Brösel, 1/4 kg Topfen
Fülle:
200 g heller Nougat
150 g Butter, 150 g Rohmarzipan
150 g Lebkuchenbrösel zum Wälzen
1/4 kg entkernte Zwetschken
1/4 l Rotwein, 70 g Zucker, 4 EL Rum

Butter, Vanillezucker, Zitronenschale, Salz und Eidotter schaumig rühren. Eiklar mit Zucker zu steifem Schnee schlagen. Topfen in die Buttermasse einrühren. Schnee und Brösel nach und nach untermengen. Teig für 1/2 Stunde rasten lassen. Aus dem Nougat kleine Kugeln formen, mit Marzipan umwickeln (insgesamt ca. 2 cm Durchmesser) und die Kugeln für 1/2 Stunde in das Tiefkühlfach legen.

Rotwein mit Zucker ca. 5 Minuten kochen, geschnittene Zwetschken zugeben und etwas reduzieren lassen.

Wasser leicht salzen und mit etwas Rum zum Kochen bringen. Knödelteig um die Marzipan-Nougat-Kugeln formen und für ca. 8 Minuten leicht köcheln lassen.

Butter schmelzen, Brösel zugeben und goldbraun rösten. Knödel aus dem Wasser heben, in den Bröseln wälzen und mit Zwetschkenröster servieren. Eventuell mit Staubzucker bestäuben.

Tipp: Lebkuchenbrösel sind im guten Fachhandel erhältlich.

Zubereitungszeit: ca. 40 Minuten

Nougatstangen

Zutaten für ca. 45 Stück:
210 g Butter
90 g Staubzucker
1 Pkg. Vanillezucker
3 Eidotter
1 Prise Zimt
180 g Mehl
3 EL Kakao
1 Messerspitze Backpulver
100 g geriebene Haselnüsse
120 g heller Nougat
200 g Milchkuvertüre
30 g gehackte Pignoli

Butter, Zucker, Vanillezucker, Dotter, Zimt, Mehl, Kakao, Haselnüsse und Backpulver zu einem geschmeidigen Teig rühren. Teig in einen Spritzbeutel mit Sterntülle füllen.

Backrohr auf 180° vorheizen. Teig in etwa 4 cm langen Stangen auf ein mit Backpapier belegtes Blech spritzen. Bei 180° ca. 8 bis 10 Minuten backen.

Nougat rühren, bis er geschmeidig ist, die Hälfte der Stangen damit bestreichen, die übrigen darauf legen.

Milchkuvertüre über dem Wasserbad lippenwarm schmelzen und die Stangen damit bestreichen. Mit gehackten Pignoli bestreuen und trocknen lassen.

Zubereitungszeit: ca. 35 Minuten

Nusskipferln

Zutaten für 15 Stück:
350 g Mehl
1 Pkg. Backpulver
50 g Zucker
1 Pkg. Vanillezucker
1 Ei
1 Eiklar
2 EL Milch
200 g Butter
Fülle:
200 g geriebene Walnüsse
150 g Zucker
1 Pkg. Vanillezucker
3 TL Rum
6 EL Wasser
1 EL Rosinen

Mehl, Backpulver, Zucker und Vanillezucker miteinander vermischen. Eine kleine Grube machen. 1 Ei, 1 Eiklar, 2 EL Milch und klein geschnittene Butter hineingeben. Schnell zu einem glatten Teig kneten und rasten lassen.

Wasser kurz aufkochen. Nüsse, Zucker, Vanillezucker, Rum und Rosinen im Topf vermengen, kurz erhitzen und auskühlen lassen.

Teig ausrollen und Quadrate ausschneiden; In die Mitte mit einem Kaffeelöffel etwas Nussfülle setzen und zu kleinen, mundgerechten Kipferln formen. Mit Eiklar oder Milch bestreichen und bei 180° ca. 20 Minuten backen.

Zubereitungszeit: ca. 60 Minuten

Nusstorte

Zutaten für 12 Portionen:
9 Eiklar
180 g geriebene Haselnüsse
etwas geriebene Zitronenschale
180 g Staubzucker
50 g Kuvertüre
1 Messerspitze Zimt
12 ganze Haselnüsse
100 g Angelika
2 EL Mehl
Schokoladenglasur

Eiklar zu festem Schnee schlagen. Geriebene Haselnüsse, Zucker, geriebene Schokolade, Zimt und geriebene Zitronenschale einmengen. 2 EL Mehl vorsichtig unterheben. Backrohr auf 180° vorheizen.

Masse in eine gebutterte, bemehlte Form gießen und 50 Minuten bei 180° backen. Torte aus der Form nehmen, auskühlen lassen und mit Schokoladenglasur überziehen, leicht antrocknen lassen, 12 Haselnüsse mit je 1 Streifen Angelika als Garnierung auflegen.

Tipp: Angelika ist eine kandierte Frucht, die im einschlägigen Fachhandel erhältlich ist.

Zubereitungszeit: ca. 70 Minuten

Nusswürfel

nach Wiener Art

Zutaten für 15 Stück:
80 g Butter
90 g Zucker
3 Eidotter
1 Pkg. Vanillezucker
120 g geriebene Nüsse
50 g Mehl
Schnee von 3 Eiklar
Creme zum Füllen:
1/8 l Milch
60 g geriebene Nüsse
60 g Staubzucker
100 g Butter
1 EL Löskaffee
Glasur:
300 g dunkle Kuvertüre
50 g Butter
ca. 15 Stück Nüsse

Butter, Zucker, 3 Dotter und Vanillezucker schaumig rühren, gemahlene Nüsse und Mehl beimengen. Schnee von 3 Eiklar vorsichtig unterheben. Den Teig dünn auf ein gebuttertes, bemehltes Blech streichen und hell bei 180° ca. 20 Minuten backen. Noch warm in Quadrate von ca. 4 x 4 cm schneiden.

Creme: Milch aufkochen, Nüsse und Zucker zugeben und nochmals kurz aufkochen. Nach dem Erkalten Butter und Löskaffee einrühren, mit dem Mixer aufschlagen.

Die Würfel mit der Creme füllen. Kuvertüre über dem Wasserbad lippenwarm schmelzen, Butter einrühren und die Würfel damit glasieren. Kurz antrocknen lassen und mit je 1 Nuss belegen.

Zubereitungszeit: ca. 60 Minuten

Obstkuchen

Zutaten für 12 Portionen:
100 g Butter
100 g Zucker
3 Eidotter
1 Pkg. Vanillezucker
200 g Mehl
1/2 Pkg. Backpulver
3–4 EL Milch (kann auch etwas mehr sein)
50 g geriebene Walnüsse od. 50 g Kokosett
3 Eiklar
1 kg Früchte (Marillen, Zwetschken, Kirschen ...)

100 g Butter mit Staubzucker, Dottern und Vanillezucker schaumig rühren. Mehl, Backpulver, Milch und Kokosett oder Nüsse beimengen und verrühren.

3 Eiklar zu Schnee schlagen und unterheben. Masse auf ein gebuttertes, bemehltes Blech streichen. Früchte (je nach Saison) waschen, trockentupfen und den Teig dicht belegen. Bei 180° ca. 45 Minuten backen. Mit Zucker bestreut servieren.

Zubereitungszeit: ca. 60 Minuten

Orangentorte
mit Maraschino

Zutaten für 8 Portionen:
Mürbteig:
200 g Mehl
100 g Butter
etwas Salz
1 TL Zucker
1/8 l kaltes Wasser
5 Eier
etwas geriebene Zitronenschale
200 g Staubzucker
4 Orangen
15 ml Maraschino
Spalten von 1 Orange zur Garnierung
1/8 l Schlagobers
Vanillezucker

Aus Mehl, Butter, Salz, Zucker und Wasser schnell einen Teig kneten und für ca. 30 Minuten in den Kühlschrank stellen. Backrohr auf 180° vorheizen. Teig nicht zu dünn ausrollen und eine Tortenform damit auslegen, mehrmals mit einer Gabel einstechen. 15 Minuten backen und auskühlen lassen. Eier, Zucker, Vanillezucker und Zitronenschale cremig schlagen. Den Saft von 4 Orangen und den Maraschino dazugeben und glatt rühren. Masse in die vorgebackene Teigform füllen und bei 150° für 20 Minuten backen.

Schlagobers steif schlagen. Torte mit Orangenspalten und Schlagobers garnieren.

Tipp: Hobeln Sie mit einem scharfen Messer Schokospäne von einem Block Kuvertüre und bestreuen Sie damit die Torte.

Zubereitungszeit: ca. 60 Minuten

Panamatorte

Zutaten für 12 Portionen:
150 g Staubzucker
7 Eidotter
70 g Kuvertüre
5 Eiklar
150 g geschälte, geriebene Mandeln
100 g Milchkuvertüre
150 g Butter
3 EL Schlagobers
80 g Zucker
1 Ei
70 g gehobelte, geröstete Mandeln

Staubzucker, Eidotter und 70 g geriebene Kuvertüre sehr schaumig rühren. Eiklar zu steifem Schnee schlagen. Schnee und geriebene Mandeln unter die Dottermasse heben. Masse in eine gebutterte, bemehlte Tortenform füllen und im vorgeheizten Backrohr bei 180° ca. 60 Minuten backen. Auskühlen lassen.

Milchkuvertüre über dem Wasserbad lippenwarm schmelzen, Butter, Schlagobers, Zucker und Ei einrühren. Mit dem Mixer cremig aufschlagen.

Torte mit Creme füllen und außen bestreichen, mit gerösteten, gehobelten Mandeln bestreuen.

Tipp: Mandeln in einer Pfanne ohne Fett hellbraun rösten.

Zubereitungszeit: ca. 40 Minuten

Pistaziengugelhupf

Zutaten für ca. 12 Portionen:
150 g geschälte, grüne Pistazien
5 Eiklar
5 Eidotter
1 Pkg. Vanillezucker
170 g Zucker
170 g Butter
150 g Mehl
1 TL Backpulver
Saft von 1 Zitrone
100 g Rohmarzipan

Gugelhupfform bebuttern und bemehlen, Backrohr auf 180° vorheizen. Die Hälfte der Pistazien fein reiben, zweite Hälfte grob hacken.

Dotter, Vanillezucker, Zucker, Butter, Rohmarzipan und Zitronensaft schaumig rühren. Mehl, Backpulver und Pistazien untermengen. Eiklar zu festem Schnee schlagen und vorsichtig unter die Masse rühren.

Pistazienmasse in die Gugelhupfform füllen und bei 180° ca. 50 Minuten backen. Auf ein Kuchengitter stürzen und auskühlen lassen. Mit Staubzucker bestreuen.

Tipp: Anstelle von Pistazien können Sie auch gestiftelte Mandeln oder Pignoli verwenden.

Zubereitungszeit: ca. 20 Minuten

Petit Fours

Zutaten für ca. 25 Stück:
4 Eier, 150 g Mehl, 150 g Zucker, 1 Prise Salz,
80 g Butter, 1 Pkg. Vanillezucker
etwas geriebene Zitronenschale
Garnierung: Silberperlen, Angelika
Zuckerblüten, Marzipanblüten u. -blätter

Eier mit Zucker und Salz sehr schaumig schlagen, Mehl und zerlassene Butter einrühren. Zuletzt Zitronenschale und Vanillezucker beimengen. Teig auf ein mit Backpapier belegtes Blech streichen und bei 180° ca. 20 Minuten backen. Fertige Teigplatte auf eine bezuckerte Arbeitsfläche stürzen und Papier abziehen. Kleine Quadrate von ca. 4 cm schneiden.

Verschiedene Füllungen:

Nougat: 100 g hellen Nougat mit 1/2 EL Butter glatt rühren.

Marzipan: 100 g Rohmarzipan, 20 g gehackte Pistazien, 1 EL Rum glatt rühren.

Himbeer: 60 g Himbeermarmelade, 30 g gehackte Pignoli, 1 EL Zitronensaft glatt rühren.

Topfen: 100 g Topfen, 2 EL Orangenmarmelade, 1 EL Orangenlikör, 1 EL Weinbrand glatt rühren.

Je zwei Quadrate mit den jeweiligen Füllungen zusammensetzen und glasieren.

Schokoladenglasur: 100 g Kuvertüre über dem Wasserbad schmelzen und Petit Fours glasieren, mit Silberperlen und grünem Angelika verzieren.

Zitronenglasur: 100 g Staubzucker, Saft von 1 Zitrone; Petit Fours überziehen und mit Zuckerblüte verzieren.

Rosa Schokoladenglasur: 100 g rosa Schokoladenglasur über dem Wasserbad lippenwarm schmelzen, Petit Fours übergießen und mit einer Marzipanblüte und -blatt verzieren.

Tipp: Im Fachhandel finden Sie eine große Auswahl an Zuckerblüten. Mit Lebensmittelfarbe können Sie bei der Zuckerglasur variieren.

Zubereitungszeit: ca. 80 Minuten

Powidltascherln

Zutaten für 6 Portionen:
Kartoffelteig:
400 g Kartoffeln (mehlig)
30 g Butter
120 g Mehl
30 g Grieß
1 Prise Salz
1 Eidotter
Fülle:
150 g Powidl
2 EL Rum
1 Prise Zimt
1 Ei
100 g Butter
150 g Semmelbrösel
150 g Staubzucker
2 EL Rum für das Kochwasser

Kartoffeln mit Schale weichkochen, schälen und sofort durch die Kartoffelpresse drücken. Butter, Mehl, Grieß, Salz und Eidotter beimengen und zu einem Teig kneten.

Teig auf einer bemehlten Arbeitsfläche ausrollen, mit einer ca. 6 cm runden Ausstechform Kreise ausstechen. Powidl mit Rum, Zimt und einer Prise Zucker verrühren. Kleine Portionen in der Teigmitte aufsetzen, Teigränder mit verquirltem Ei bestreichen und zusammenklappen. Wasser mit Zucker und 2 EL Rum zum Kochen bringen. Tascherln einlegen und ca. 10 Minuten kochen lassen. Butter, Brösel und Staubzucker in einer Pfanne kurz rösten. Tascherln darin wälzen und mit Zucker bestreuen.

Tipp: Ersatzweise können Lebkuchenbrösel verwendet werden.

Zubereitungszeit: ca. 15 Minuten

Punschkrapferln

Zutaten für ca. 15 Stück:
Biskuit:
5 Eier
100 g Mehl
150 g Zucker
etwas geriebene Zitronenschale
Fülle:
150 g Biskuitreste oder zerbröselte Biskotten
200 g Ribiselmarmelade
50 g geriebene, geröstete Haselnüsse
50 g geriebene Schokolade
etwas geriebene Zitronen- und Orangenschale
Saft von 1 Zitrone
Saft von 1/2 Orange
2 EL Rum
rosa Schokoladenglasur oder Zucker-Punschglasur
kandierte Kirschen und kandiertes Angelika zum Verzieren

Eier, Mehl, Zucker und Zitronenschale schaumig schlagen.

Teig auf ein bebuttertes, bemehltes Blech streichen und im vorgeheizten Backrohr bei 180° ca. 15 Minuten backen.

Fülle: Schokolade schmelzen lassen und mit Haselnüssen, Biskuitbröseln, Marmelade, Zitronen- und Orangenschale, Orangen- und Zitronensaft sowie Rum vermengen. Biskuitteig in Quadrate von 4 cm schneiden, mit Fülle zusammensetzen und mit rosa Schokoladenglasur oder Zucker-Punschglasur überziehen. Mit Kirschen und Angelika belegen.

Tipp: Rosa Schokoladenglasur ist im Fachhandel erhältlich.

Zubereitungszeit: ca. 50 Minuten

Rahmdalken
mit Kirschröster

Zutaten für 6 Portionen:
1/8 l Sauerrahm
120 g Mehl
4 Dotter
4 Eiklar
100 g Zucker
1 Prise Salz
etwas geriebene Zitronenschale
1 EL Rosinen
Kirschröster:
1/2 kg entkernte Kirschen (eventuell eingelegt)
120 g Zucker
1/2 Stange Zimt
3 EL Kirschwasser
Saft von 1 Zitrone

Zitronensaft, Kirschwasser, Zimt, Zucker und Kirschen erhitzen und kurz dünsten. Zimtstange wieder entfernen. Sauerrahm, Mehl, Dotter und Salz glatt rühren. Eiklar mit Zucker zu Schnee schlagen und unter die Dottermasse heben. Rosinen mit Zitronenschale einmengen.

Öl in einer flachen Pfanne erhitzen, Masse häufchenweise in die Pfanne setzen und auf jeder Seite goldgelb backen.

Dalken auf Teller setzen und mit Kirschenröster belegen. Mit einem Minzeblatt servieren.

Zubereitungszeit: ca. 30 Minuten

139

Rauchfangkehrer

Zutaten für 12 Stück:
130 g Rohmarzipan
120 g Staubzucker
40 g Mehl
4 Eiklar
1/2 TL gemahlener Zimt
abgeriebene Schale von 1 Zitrone
5 EL Schlagobers
150 g dunkle Kuvertüre
1/4 l Schlagobers

Rohmarzipan mit Staubzucker, Mehl, Eiklar, Zimt und Zitronenschale glatt rühren. Den Teig 12 Stunden im Kühlschrank rasten lassen.

Zwei Backbleche mit Backpapier belegen und Backrohr auf 180° vorheizen.

5 EL Schlagobers unter die Marzipanmasse rühren. Den Teig dünn auf die Backbleche streichen und ca. 8 Minuten bei 180° hell backen. Teig in Quadrate von ca. 10 cm schneiden und weiterbacken, bis sie knusprig braun sind. Teigstücke dann noch heiß über einen dicken Kochlöffelstiel legen, zu Rollen formen und auskühlen lassen. Mit zerlassener Kuvertüre bestreichen und mit geschlagenem Schlagobers von beiden Seiten füllen.

Tipp: Anstelle von Schlagobers kann auch mit Vanillecreme gefüllt werden.

Zubereitungszeit: ca. 50 Minuten

Rehrücken

Zutaten für 1 Rehrückenform:
120 g geriebene, geschälte Mandeln
30 g Mehl, 40 g geriebene Biskotten
70 g dunkle Kuvertüre
100 g Butter
50 g Staubzucker, 1 Prise Salz
1/2 Pkg. Vanillezucker
60 g Kristallzucker
etwas geriebene Zitronenschale
100 g Ribiselmarmelade
300 g dunkle Kuvertüre
100 g Pignoli
5 Eidotter
5 Eiklar

Mandeln, Mehl und Biskottenbrösel vermengen. Butter mit Staubzucker, Salz, Vanillezucker und Dotter cremig rühren. Erweichte (70 g) Kuvertüre unterrühren. Rehrückenform bebuttern und bemehlen, Backrohr auf 180° vorheizen.

Eiklar mit Kristallzucker zu festem Schnee schlagen. Buttermischung mit Schnee, Mehlmischung und Zitronenschale vermengen. Teig in die Form füllen und bei 180° 60 Minuten backen. Kuchen aus der Form stürzen und auskühlen lassen. Ribiselmarmelade glatt rühren und den Kuchen damit bestreichen. Kuvertüre über dem Wasserbad lippenwarm schmelzen und den Kuchen damit glasieren, leicht antrocknen lassen und mit Pignoli gleichmäßig bestücken.

Tipp: Mit Schlagobers und gehobelter Schokolade servieren.

Zubereitungszeit: ca. 80 Minuten

Reisauflauf
nach Wiener Art

Zutaten für 6 Portionen:
100 g Rundkornreis
3/8 l Milch
50 g Butter
Mark einer Vanilleschote
etwas geriebene Zitronenschale
Salz
2 Eidotter
50 g Staubzucker
30 g Rosinen
4 Eiklar
Butter und Brösel für die Auflaufform
2 Backoblaten (15 x 20cm)
50 g Feinkristallzucker
100 g Schokolade
ca. 2 EL Himbeersaft

Reis im kochenden Wasser blanchieren, abseihen, mit Milch, Butter, Vanille und etwas Salz zuerst 20 Minuten kochen, dann breiig dünsten und überkühlen lassen. Dotter und Staubzucker schaumig rühren und mit Rosinen unter den Reis mengen.

Schokolade schmelzen und unter die eine Hälfte der Reismenge einrühren. Schnee von 2 Eiklar in beiden Massen vorsichtig unterheben. Zuerst die helle Reismasse in die gebutterte, bestreute Auflaufform geben, Backoblaten auflegen und dunkle Reismasse auftragen. Ca. 40 Minuten bei 180° backen. Aus restlichem Eiklar und Zucker festen Schnee schlagen. Schneehaube auf den Reis aufstreichen und nochmals für 3 bis 4 Minuten überbacken. Mit Himbeersaft servieren.

Tipp: Der Schnee für die Schneehaube kann mit Zitronen- oder Orangensaft verfeinert werden.

Zubereitungszeit: ca. 1 1/2 Stunden

Rhabarberkuchen

Zutaten für 10 Portionen:
Mürbteig:
250 g Mehl
80 g Butter
60 g Zucker
1 Eidotter
1 Messerspitze Backpulver
Fülle:
1 kg Rhabarber
100 g Zucker
Schaummasse:
5 Eiklar
Saft von 1/2 Zitrone
1 Pkg. Vanillezucker
150 g geschälte, geriebene Mandeln
80 g Staubzucker

Mehl, Butter, Zucker, Dotter und Backpulver zu einem Teig kneten, zugedeckt für 1/2 Stunde in den Kühlschrank stellen.

Backrohr auf 180° vorheizen. Teig ausrollen und in eine gebutterte, bemehlte Springform legen, mit einer Gabel einstechen und bei 180° 15 Minuten backen.

Rhabarber schälen, klein schneiden, mit wenig Wasser und Zucker dünsten und abtropfen lassen.

Eiklar mit Zucker zu festem Schnee schlagen, Vanillezucker, Zitronensaft und Mandeln unterheben. Die Hälfte der Schaummasse am Tortenboden verteilen, dann den Rhabarber darauf verteilen, zuletzt den übrigen Schaum bergartig darüber ziehen. Weitere 15 Minuten bei 180° backen.

Zubereitungszeit: ca. 50 Minuten

Rhabarbertorte

Zutaten für 10 Portionen:
100 g Butter
50 g Zucker
150 g Mehl
1 Pkg. Vanillezucker
1 Prise Salz
etwas geriebene Zitronenschale
350 g Rhabarber
100 g Staubzucker
4 Eier
1/4 l Schlagobers

Butter, Zucker, Mehl, Vanillezucker und Zitronenschale zu einem Mürbteig kneten. Zugedeckt 1/2 Stunde in den Kühlschrank stellen.

Backrohr auf 180° vorheizen. Eine Tortenform bebuttern und bemehlen. Teig auf einer bemehlten Arbeitsfläche ausrollen und die Tortenform damit auslegen. Mit einer Gabel mehrmals einstechen und bei 180° für 15 Minuten backen.

Rhabarber schälen und in 1/2 cm Streifen schneiden, auf den Tortenboden verteilen. Zucker, Eier und Schlagobers verrühren und über den Rhabarber gießen. Torte bei 180° ca. 30 Minuten backen.

Tipp: Torte mit Zimtschaum servieren:
1/8 l Milch, 80 g Zucker, 1/2 TL Zimt
2 Eidotter. Alle Zutaten vermengen und über Wasserdampf cremig schlagen.

Zubereitungszeit: ca. 40 Minuten

Ribiselkuchen

Zutaten für ca. 10 Stück:
300 g entstielte und gewaschene Ribiseln
220 g Staubzucker
1 Pkg. Vanillezucker
Saft von 1 Zitrone
60 g gehobelte Mandeln
180 g Butter
4 Eier
50 g Kuvertüre
300 g Mehl

Backblech mit Backtrennpapier auslegen. Backrohr auf 180° vorheizen.

Butter, Zucker, Vanillezucker und Zitronensaft schaumig rühren. Eier und erweichte Kuvertüre untermengen. Mehl und gehobelte Mandeln zuletzt unterrühren. Masse auf das Blech streichen und mit Ribiseln belegen. Bei 180° ca. 1 Stunde backen. Auskühlen lassen und mit Staubzucker bestreut servieren.

Zubereitungszeit: ca. 80 Minuten

143

Ribiselschnitten

Zutaten für 8 Portionen:
4 Eidotter, 4 Eiklar, 80 g Zucker
120 g Mehl, 1 Pkg. Vanillezucker
etwas geriebene Zitronenschale
Fülle:
1/8 l Milch, 1 Eidotter
1/8 l Schlagobers, 4 Blatt Gelatine
30 g Zucker, 1 Pkg. Vanillezucker
250 g rote Ribiseln

Biskuit: 4 Eiklar und Zucker zu steifem Schnee schlagen. Eidotter, Mehl, Vanillezucker und geriebene Zitronenschale vorsichtig unterheben. Die Masse fingerhoch auf ein mit Backpapier belegtes Blech auftragen und gleichmäßig verteilen. Bei 200° im vorgeheizten Rohr ca. 8 Minuten backen. Mit dem Papier nach oben auf eine bezuckerte Arbeitsfläche stürzen. Papier leicht befeuchten und abziehen. Biskuit in 2 ungleiche Streifen schneiden. Mit dem breiteren Streifen die Rundung einer Rückenform auslegen. Der schmälere Streifen dient dazu, später die gefüllte Form abzudecken.

Fülle: Gelatine ca. 10 Minuten in kaltem Wasser einweichen. Milch, Zucker und Vanillezucker zum Kochen bringen. Eidotter in die nicht mehr kochende Milch einrühren und die ausgedrückte Gelatine dazugeben. Eidottermilch erkalten lassen, vor dem Gelieren das steif geschlagene Schlagobers und die abgetrockneten Ribiseln dazugeben. Masse in die ausgelegte Rehrückenform gießen, Biskuitstreifen darauf legen und leicht andrücken. Masse im Kühlschrank 5 Stunden kalt stellen. Aus der Form stürzen und aufschneiden.

Tipp: Beim Biskuitbacken auf die Zeit achten, damit es nicht zäh wird.

Zubereitungszeit: ca. 50 Minuten

144

Sachertorte*

Zutaten für 12 Portionen:
250 g feine Bitterschokolade
250 g Butter
250 g Zucker
250 g Mehl
6 Eier
1 Prise Salz
1 TL Speisesoda oder Backpulver
1 EL Rum
250 g dunkle Kuvertüre
Marillenmarmelade

Schokolade über dem Wasserbad lippenwarm erwärmen und zergehen lassen. Inzwischen Butter, 2/3 Zucker, 2/3 Eidotter und Salz schaumig rühren. Das Mehl mit dem Backpulver vermengen. Schokolade, Buttermischung und Mehl miteinander vermengen. 6 Eiklar mit 1/3 Zucker zu festem Schnee schlagen und vorsichtig unter die Masse heben. In eine gebutterte, mit Mehl bestaubte Tortenform gießen und 60 Minuten bei 180° backen.

Kuvertüre über dem Wasserbad lippenwarm schmelzen. Torte mit Marillenmarmelade dünn bestreichen, mit Kuvertüre glasieren und auf ein Kuchengitter zum Abtropfen setzen.

Zubereitungszeit: 1 1/2 Stunden

* Bei diesem Rezept handelt es sich nicht um jenes der Original Sacher-Torte des Café Sacher.

Salzburger Nockerln

Zutaten für 6 Portionen:
5 Eiklar
3 Eidotter
60 g Zucker
Mark einer Vanilleschote
etwas geriebene Zitronenschale
1 EL Mehl
etwas Butter und Milch
Staubzucker
Himbeersauce:
1/16 l schwach aufgeschlagenes Schlagobers
50 g Himbeermark
od. 100 g frische Himbeeren
1 EL Preiselbeerkompott
Saft einer halben Zitrone

Etwas Butter und Milch in eine feuerfeste Form geben und im vorgeheizten Backrohr erhitzen. Dann schlägt man das Eiklar zu festem Schnee, gibt nach und nach Zucker dazu und rührt die Eidotter, das Vanillemark, die Zitronenschale und das Mehl vorsichtig darunter. Die Masse als 3 große Nockerln in die erhitzte Form einlegen und bei 200° 10 Minuten hellbraun backen. Die Nockerln sollen im Inneren leicht cremig bleiben. Danach zuckern und sofort servieren.

Himbeersauce: Sämtliche Zutaten werden zu einer Creme verarbeitet.

Tipp: Beim Einrühren in den Schnee vorsichtig arbeiten, damit der Schnee nicht an Festigkeit verliert.

Zubereitungszeit: ca. 50 Minuten

Schlosserbuben

mit Vanillecreme

Zutaten für 6 Portionen:
250 g Dörrzwetschken (entkernt)
50 g geschälte ganze Mandeln
1/8 l Schlagobers
2 Eidotter, 80 g Mehl
200 g Himbeeren, 1 EL Staubzucker
Saft von 1/2 Zitrone
6 Minzeblätter zum Garnieren
Vanillecreme:
1/2 l Milch
20 g Vanillepuddingpulver
120 g Zucker, 2 Eidotter, 1 Vanilleschote
Zimt und Zucker zum Bestreuen

Creme: Puddingpulver mit 2 EL Milch glatt rühren, Eidotter dazugeben und fertig rühren. Restliche Milch mit Zucker und dem Mark der Vanilleschote aufkochen, Puddingansatz einrühren und unter ständigem Rühren kochen, bis die Masse cremig ist.

Den Kern der Dörrzwetschken durch eine Mandel ersetzen. Schlagobers, Eidotter und Mehl zu einem dickflüssigen Teig rühren. Gefüllte Zwetschken in den Teig tauchen und in heißem Fett goldgelb backen. Abtropfen lassen. Die Hälfte der Himbeeren mit Zucker und Zitronensaft pürieren.

Vanillecreme und Fruchtmark anrichten, Schlosserbuben darauf setzen, mit Zimt und Zucker bestreuen und mit ganzen Himbeeren garnieren. 1 Minzeblatt pro Teller zur Garnierung legen.

Tipp: Schlosserbuben nach dem Ausbacken in geriebener Schokolade wälzen.

Zubereitungszeit: ca. 40 Minuten

145

Schneeflockentorte

Zutaten für ca. 10 Portionen:
130 g Butter
130 g Zucker
1 Pkg. Vanillezucker
1 Prise Salz
4 Eier
100 g Mehl
1/2 Pkg. Backpulver
150 g geröstetes Kokosett
etwas Marillenmarmelade
1/8 l Schlagobers

Butter, Zucker, Vanillezucker und Salz cremig rühren. Eier nach und nach unterrühren. Mehl und Backpulver einmengen. 100 g geröstetes Kokosett zuletzt beigeben. Den Teig in eine gebutterte, bemehlte Tortenform füllen und glatt streichen. Im vorgeheizten Backrohr bei 180° ca. 35 Minuten backen.

Den fertig gebackenen Boden durchschneiden, mit Marillenmarmelade bestreichen, zweiten Tortenboden aufsetzen, mit geschlagenem Schlagobers bestreichen und mit restlichem Kokosett bestreuen.

Tipp: Mit kleinen bunten Zuckerblüten und Blättern garnieren.

Zubereitungszeit: ca. 60 Minuten

Schneeballen

Zutaten für ca. 8 Stück:
180 g Mehl
100 g Butter
4 Eidotter
1/16 l Weißwein
einige Tropfen Rum
Sonnenblumenöl zum Ausbacken
Staubzucker zum Bestreuen

Aus dem Mehl, Butter, Eidottern, Weißwein und Rum einen festen Teig kneten, gut durcharbeiten. Eine halbe Stunde rasten lassen. Nicht zu dünn ausrollen, Vierecke schneiden. Diese mit dem Rand oder Messer dreimal einschneiden und durcheinander flechten. Zu einer lockeren Kugel formen und im heißen Öl ausbacken. Mit Staubzucker bestreuen.

Tipp: Das Flechten gelingt am besten in einer Schneeballform, die im Fachhandel erhältlich ist.

Zubereitungszeit: ca. 40 Minuten

Schneenockerln

in Karamellsauce

Zutaten für 8 Portionen:
6 Eiklar
60 g Staubzucker
etwas geriebene Zitronenschale
Sauce:
70 g Staubzucker
1/4 l Milch
1 Pkg. Vanillezucker
20 g Butter
1 TL Maizena
1/2 TL Rum
1/2 Tasse Wasser

Sauce: 50 g Zucker in einem Topf mit festem Boden karamellisieren lassen, mit einer halben Tasse Wasser aufgießen und so lange kochen, bis sich der Zucker aufgelöst hat. Milch, 20 g Zucker, Vanillezucker und Butter dazugeben und die Sauce kurz aufkochen. Maizena mit wenig kaltem Wasser glatt rühren, dazugeben, noch einmal aufkochen und vom Herd nehmen.

Nockerln: 1 l Wasser mit etwas Rum und Zucker zum Kochen bringen. Eiklar und 60 g Zucker zu Schnee schlagen – nicht zu steif, aber auch nicht zu locker. Mit einer großen Spachtel große Nockerln in das Wasser einlegen und zugedeckt 2 Minuten ziehen lassen. Nockerln aus dem Wasser heben, abtropfen lassen und in die Karamellsauce legen.

Tipp: Schneenockerln können auch in gesüßter Milch gekocht werden.

Zubereitungszeit: ca. 30 Minuten

148

Schokoladenauflauf

mit Vanillesauce

Zutaten für 4 Portionen:
250 g Biskuitbrösel od. Lebkuchenbrösel
(erhältlich im Fachhandel)
1/2 l Milch, 50 g Butter
50 g Zucker, 2 Eier
100 g dunkle Kuvertüre
1/2 Pkg. Vanillezucker, 1 Prise Salz
etwas geriebene Zitronenschale
Vanillesauce:
1/4 l Milch, 60 g Zucker
1 Pkg. Vanillezucker
2 Eidotter, 1 TL Vanillepuddingpulver
geriebene Kuvertüre zum Bestreuen
1 EL Rum, 1 Prise Salz

Milch erhitzen, Biskuitbrösel mit heißer Milch übergießen. Butter schaumig rühren, Zucker, Eidotter, geriebene Kuvertüre, Vanillezucker, Salz, Zitronenschale und den Brei aus Brösel und Milch zu einer Masse verrühren. Eiklar zu festem Schnee schlagen und unter die Masse heben. Auflaufförmchen mit Butter ausschmieren und mit Brösel ausstreuen. Masse einfüllen. Auflaufförmchen in eine Wanne, die mit 1 cm Wasser befüllt ist, stellen und im Rohr bei 180° ca. 40 Minuten backen.

Vanillesauce: Etwas Milch mit Puddingpulver und Eidotter verrühren. Restliche Milch mit Zucker, Vanillezucker und Salz aufkochen. Eiermilch und Rum einrühren und nochmals aufkochen.

Schokoladenauflauf aus den Förmchen stürzen und mit Vanillesauce anrichten. Mit geriebener Kuvertüre bestreuen.

Tipp: Kuvertüre gibt es im Block zu kaufen; auf dem Reibeisen gerieben ergibt es eine schmackhafte und hübsche Garnierung.

Zubereitungszeit: ca. 60 Minuten

Schokoladencremetorte

Zutaten für 12 Portionen:
Schokoladencreme:
150 g Kuvertüre, 150 g Zucker
30 g Schokoladenpuddingpulver
200 g Butter, 20 g Nougat
1 EL Weinbrand, 1/8 l Milch
Biskuit:
6 Eidotter, 50 g Staubzucker
etwas geriebene Zitronenschale
6 Eiklar, 80 g Kristallzucker
150 g Mehl, Vanillezucker
Marillenmarmelade, 12 kandierte Kirschen

Tortenform bebuttern und bemehlen, Backrohr
auf 180° vorheizen.

1/8 l Milch aufkochen, Puddingpulver einrühren, 2 Minuten kochen lassen, dann vom
Herd nehmen. Kuvertüre, Zucker, Butter,
Nougat und Weinbrand schmelzen lassen und
glatt rühren. Pudding löffelweise unterrühren
und die Creme nochmals gut aufschlagen. Für
ca. 1/2 Stunde in den Kühlschrank stellen.

Eidotter mit Zucker, Zitronenschale und Vanillezucker schaumig rühren, bis die Masse hell und
fest wird. Eiklar mit Kristallzucker zu einem fest-
en Schnee schlagen und mit dem Mehl vorsichtig
unter die Eidottermasse heben. Masse in die
Tortenform füllen und für ca. 30 Minuten bei
180° backen. Auf ein Kuchengitter stürzen, auskühlen lassen und zweimal quer durchschneiden.

Tortenböden mit Marillenmarmelade bestreichen, darauf Schokoladencreme streichen und
zusammensetzen. Die restliche Schokoladencreme seitlich und oben verteilen. Mit kandierten Kirschen garnieren.

Zubereitungszeit: ca. 60 Minuten

Schokoladenrolle

mit Pistazien

Zutaten für 12 Portionen:
5 Eier
100 g Zucker
150 g Mehl
2 EL Kakao
200 g Butter
100 g dunkle Kuvertüre
150 g Staubzucker
2 Eidotter
1 Pkg. Vanillezucker
100 g heller Nougat
1 EL Weinbrand
100 g gehobelte Pistazien
10 g ganze Pistazien
250 g Milchkuvertüre

Eier, Zucker, Mehl und Kakao cremig aufschlagen. Backrohr auf 180° vorheizen. Backblech
mit Backpapier auslegen, Masse gleichmäßig
aufstreichen und bei 180° ca. 15 bis 20 Minuten
backen.

Butter schaumig rühren, erweichte Kuvertüre,
Zucker, Eidotter, Vanillezucker, Nougat, Weinbrand, gehobelte Pistazien beimengen und glatt
rühren.

Biskuit auf eine gezuckerte Arbeitsfläche stürzen und Backpapier abziehen. Mit der Schoko-
ladenfülle bestreichen und einrollen. Milchkuvertüre über dem Wasserbad lippenwarm
schmelzen und Rolle damit glasieren. Kurz
antrocknen lassen und mit ganzen Pistazien
garnieren.

Tipp: Im Fachhandel gibt es eine große Auswahl an Zuckerblumen oder Marzipandekor zur
Garnierung.

Zubereitungszeit: ca. 50 Minuten

149

Schokomoussebombe

Zutaten für ca. 8 Portionen:
5 Eier
6 EL Staubzucker
6 EL Mehl
etwas geriebene Zitronenschale
1/2 Pkg. Vanillezucker
glatt gerührte Marillenmarmelade
Masse:
400 g Milchkuvertüre
1/4 l Schlagobers
150 g Staubzucker
4 Eiklar
1 EL Rum

Backrohr auf 180° vorheizen, Backblech mit Backpapier belegen. Eier, 6 EL Staubzucker, 6 EL Mehl, Zitronenschale und Vanillezucker schaumig schlagen. Masse gleichmäßig auf das Backblech streichen und bei 180° für ca. 15 Minuten backen.

Sofort auf eine bezuckerte Arbeitsfläche stürzen, Backpapier abziehen, mit Marillenmarmelade bestreichen und eng einrollen. Biskuitroulade in Scheiben schneiden. Eine Bombenform oder Glasschüssel mit den Scheiben auslegen.

Kuvertüre über dem Wasserbad lippenwarm schmelzen. Das Schlagobers steif schlagen. Eiklar mit Staubzucker zu festem Schnee schlagen. Kuvertüre, Rum, Schlagobers und Schnee vorsichtig vermengen. Schokocreme in die Bombenform füllen und für ca. 24 Stunden kühl stellen.

Vor dem Servieren auf eine Platte stürzen und mit wenig Zucker bestreuen.

Zubereitungszeit: 50 Minuten

Schwarzwälder Kirschtorte

Zutaten für 10 Portionen:
130 g Mehl
1 EL Kakaopulver, 1/2 Pkg. Backpulver
50 g Zucker, 1 Pkg. Vanillezucker
1 Prise Salz, 80 g Butter
1 EL Kirschlikör, 200 g Schokoladenspäne
Biskuitteig:
4 Eier, 80 g Mehl, 120 g Zucker
Fülle:
600 g Weichseln, 80 g Zucker
1 EL Maizena, 3 EL dicker Weichselsaft
1 EL Kirschlikör, 1/2 l Schlagobers
1 Pkg. Schlagobersfestiger

Mehl, Kakaopulver, Backpulver, Zucker, Vanillezucker, Salz, Butter und Kirschlikör zu einem festen Teig kneten. 20 Minuten kühl stellen, ausrollen und eine gebutterte Tortenform auslegen. Mit einer Gabel mehrmals einstechen und bei 180° ca. 15 Minuten backen.

4 Eier, 80 g Mehl und 120 g Zucker sehr schaumig schlagen. In eine gebutterte, bemehlte Form gießen und bei 180° ca. 30 Minuten backen. Auskühlen lassen und einmal durchschneiden. Weichseln entkernen, mit dickem Weichselsaft oder Wasser aufkochen, auskühlen lassen, Maizena einrühren. Mit Zucker und Kirschwasser abschmecken. Schlagobers mit Festiger steif schlagen. Ein Drittel vom Schlagobers und die Hälfte der Weichseln auf dem dunklen Boden verteilen. Biskuitboden aufsetzen und leicht andrücken. Übrige Weichseln und wiederum etwas Schlagobers darauf verteilen. Zweiten Biskuitboden aufsetzen und leicht andrücken. Restliches Schlagobers darauf verteilen. Mit Schokoladenspänen verzieren.

Tipp: Tortenböden jeweils dünn mit Weichselmarmelade bestreichen.

Zubereitungszeit: ca. 30 Minuten

Spagatkrapfen

Zutaten für 8 Stück:
300 g Mehl
60 g Staubzucker
etwas Milch und Sauerrahm
60 g Butter
3 Eidotter
je 1 Messerspitze Zimt und Salz
etwas geriebene Zitronenschale
1 EL Zitronensaft
Öl zum Ausbacken
1/4 l Schlagobers
6 EL Preiselbeerkompott

Mehl mit Butter abbröseln. Zucker, Salz, Eidotter, Zimt, Zitronenschale und Zitronensaft
dazugeben. Mit soviel Milch und Rahm vermengen, dass ein weicher Teig entsteht. An
einem kühlen Ort für eine halbe Stunde rasten
lassen. Nun messerrückendick ausrollen und in
Rechtecke von 10 x 6 cm schneiden. Rechtecke
in Spagatkrapfenform legen und in heißem Öl
ausbacken.

Schlagobers schlagen, Spagatkrapfen mit etwas
Schlagobers und Preiselbeerkompott füllen.

Tipp: Spagatkrapfenform bekommen Sie im
gut sortierten Fachhandel. Spagatkrapfen lassen
sich gut auf Vorrat einfrieren.

Zubereitungszeit: ca. 60 Minuten

Spitzbuben

Zutaten für ca. 40 Stück:
400 g Mehl
210 g Zucker
250 g Butter
120 g geriebene Haselnüsse
1 Pkg. Vanillezucker
etwas geriebene Zitronenschale
glatt gerührte Marillen-
oder Ribiselmarmelade
Staubzucker zum Bestreuen

Aus Mehl, Zucker, Butter, Haselnüsse, Vanillezucker und Zitronenschale einen festen Teig
kneten. Für 1/2 Stunde in den Kühlschrank
stellen.

Teig auf einer bemehlten Arbeitsfläche dünn
ausrollen. Mit dem Ausstecher kleine Plätzchen
ausstechen und auf ein mit Backpapier belegtes
Blech setzen. Bei 180° ca. 8 bis 10 Minuten
backen. Noch heiß je 2 Plätzchen mit Marillenmarmelade zusammensetzen und mit
Staubzucker bestreuen.

Tipp: Man kann die Spitzbuben auch mit
Kuvertüre glasieren und mit bunten Streuseln
garnieren.

Zubereitungszeit: ca. 25 Minuten

Stanitzel gefüllt

Zutaten für 14 Stück:
100 g Rohmarzipan
70 g geschälte, geriebene Mandeln
100 g Staubzucker
1 Ei
2 Eiklar
30 g Mehl
2 EL Schlagobers
1 Prise Salz
1 Prise gemahlener Zimt
1/4 +1/8 l Schlagobers
3 EL Zucker
150 g eingelegte oder frische Kirschen
2 EL gehobelte Schokoladenspäne

Backrohr auf 180° vorheizen, Backblech mit Backpapier belegen. Rohmarzipan, Mandeln, Staubzucker, Ei und Eiklar zu einer glatten Masse rühren. Mehl, Salz, 2 EL Schlagobers und Zimt unter die Masse kneten. Mittels eines Löffels Teigscheiben von 12 cm Durchmesser auf das Backblech streichen und bei 180° ca. 8 Minuten backen. Die noch heißen Scheiben sofort zu Stanitzeln formen und auskühlen lassen.

Schlagobers mit Zucker steif schlagen. Stanitzel mit Schlagobers füllen und mit Kirschen belegen. Gehobelte Schokoladenspäne zur Garnierung streuen.

Tipp: Gleich große Teigscheiben erhalten Sie mithilfe einer Schablone.

Zubereitungszeit: ca. 40 Minuten

Strudelblätter gefüllt

Zutaten für 6 Portionen:
2 Blätter Fertig-Strudelteig
3 EL zerlassene Butter
1/2 l Schlagobers
80 g Staubzucker
Saft von 1/2 Zitrone
etwas geriebene Zitronenschale
200 g Himbeeren

Aus Fertig-Strudelblättern mit einem runden Ausstecher (5 cm) 36 kleine Scheiben ausstechen und mit zerlassener Butter bestreichen. Ein Backblech mit Backpapier belegen. Scheiben darauf legen und bei 180° 5 Minuten backen.

Von den Himbeeren 150 g mit Staubzucker, Zitronensaft und Zitronenschale pürieren. Schlagobers steif schlagen und unter das Himbeerpüree ziehen.

Jeweils 3 ausgestochene Strudelblätter mit Himbeercreme füllen, oberstes Blatt mit Zucker bestreuen. Mit ganzen Himbeeren dekorieren.

Zubereitungszeit: ca. 30 Minuten

Teigtaschen

Zutaten für ca. 6 Portionen:
Schale von einer unbehandelten Orange
150 g kandierte, klein geschnittene Früchte
200 g Topfen
1 Pkg. tiefgekühlter Blätterteig
etwas Sonnenblumenöl

Blätterteig auftauen lassen und ausrollen. Topfen mit geriebener Orangenschale und kandierten Früchten vermischen.

Auf der Hälfte des Teiges im Abstand von 5 cm mit einem Teelöffel die Topfenfüllung verteilen. Zweite Teighälfte locker darüber verteilen. Mit einem Glas um die Füllung herum runde Teigtäschchen ausstechen, die Ränder festdrücken. In heißem Sonnenblumenöl die Teigtaschen goldgelb ausbacken, abtropfen lassen und leicht mit Zucker bestreuen.

Zubereitungszeit: ca. 40 Minuten

Topfenknödel

Zutaten für 4 Portionen:
400 g Topfen
3 EL Sauerrahm
2 Eier, 2 EL Zucker
4 EL Grieß, 7 EL Rum
1 EL Kristallzucker für das Kochwasser
Zum Servieren:
80 g Brösel, 60 g Butter
2 EL Zucker, etwas Zimt
Staubzucker zum Bestreuen

Topfen, Sauerrahm, Eier, Zucker, Grieß und 3 EL Rum gut miteinander verrühren. 15 Minuten rasten lassen.

Aus der Topfenmasse Knödel formen. Wasser zustellen, mit 1 Prise Salz, Zucker und 4 EL Rum aufkochen. Knödel einlegen und 15 Minuten auf kleiner Flamme köcheln lassen.

Zum Servieren: Brösel, Butter und Zucker rösten. Knödel darin wälzen. Mit Zimtzucker servieren.

Tipp: Servieren Sie dazu Pfirsichkompott: 300 g Pfirsich waschen, entkernen und klein schneiden. Mit Zucker, Zitronensaft, Vanilleschote und etwas Wasser kurz aufkochen. Beiseite stellen und ziehen lassen. Pfirsichkompott schon am Vortag zubereiten, damit sich das Aroma besser entfaltet.

Zubereitungszeit: 50 Minuten

155

Topfenkuchen

Zutaten für ca. 8 Portionen:
200 g Mehl
100 g Butter
1/2 TL Salz
1/2 TL Zucker
6 EL kaltes Wasser
500 g Topfen
200 g Staubzucker
1/8 l Sonnenblumenöl
1 EL Staubzucker
1/2 Pkg. Vanillezucker
etwas geriebene Zitronenschale
1 Pkg. Vanillepuddingpulver
2 Eier
1 EL Rosinen
1 EL Rum
1 EL Zitronensaft

Mehl, Salz und Zucker mischen. Eine kleine Grube machen. Kalte, klein geschnittene Butter und Wasser zugeben und rasch zu einem Teig kneten. Teig zu einer Kugel formen und eine halbe Stunde im Kühlschrank rasten lassen. Auf einer bemehlten Arbeitsfläche ausrollen. Den Teig mithilfe des Nudelwalkers in eine Tortenform geben. Boden und Rand auslegen, leicht andrücken. Mit einer Gabel öfter anstechen. Im vorgeheizten Backrohr 15 Minuten bei 180° backen. Fertig gebackenen Teig aus dem Rohr nehmen und zur Seite stellen.

Topfen, Zucker, Öl, Vanillezucker, Staubzucker, Zitronenschale, Zitronensaft, Puddingpulver, Eier, Rosinen und Rum mit dem Mixer zu einer glatten Creme rühren. Auf den vorgebackenen Tortenboden gießen und ca. 35 Minuten bei 180° backen. Mit Staubzucker bestreuen.

Zubereitungszeit: 1 1/2 Stunden

Topfennockerln
mit Marillensauce

Zutaten für 4 Portionen:
400 g Topfen
150 g Staubzucker
3 Eidotter
1 Zitrone (Schale und Saft)
1/2 Pkg. Vanillezucker
1 Prise Salz
4 Blatt Gelatine
1/2 l Schlagobers
Marillensauce:
100 g getrocknete Marillen
6 EL Weißwein
1/8 – 1/4 l Wasser
2 EL Honig
2 EL Marillenbrand

Topfen mit Zucker, Eidotter, Zitrone, Salz und Vanillezucker schaumig rühren. Gelatine im kalten Wasser lösen, gut ausdrücken, kurz erwärmen und ebenfalls einrühren. Zuletzt geschlagenes Schlagobers beigeben und für etwa 2 Stunden in den Kühlschrank stellen.

Marillensauce: Marillen klein schneiden und über Nacht in einem Wein-Wasser-Gemisch einweichen. Aufkochen und zugedeckt 5 Minuten köcheln lassen. Abkühlen lassen, mit dem Mixstab pürieren, mit Honig süßen und mit Marillenbrand abschmecken.

Aus der Topfenmasse Nockerln ausstechen und mit Marillenspiegel servieren. Mit einem Minzeblatt garnieren.

Zubereitungszeit: ca. 60 Minuten

Topfenpalatschinken

mit Vanillesauce

Zutaten für 6 Portionen:
Palatschinken:
150 g Mehl, 1/4 l Milch
3 Eier, 3 EL Öl

Fülle:
500 g Topfen, 200 g Staubzucker
1 Pkg. Vanillezucker
80 g Rosinen
etwas geriebene Zitronenschale
1 Prise Salz, 1 KL Rum
1 Pkg. Vanillepudding

Mehl, Milch, Eier und Öl gut miteinander verrühren, sodass ein flüssiger Teig entsteht. Den Teig für ca. 20 Minuten rasten lassen (eventuell mit etwas Milch verdünnen).

In einer Pfanne wenig Öl erhitzen, etwas Teig eingießen. Die Pfanne dabei schräg halten und drehen, sodass der Boden gleichmäßig bedeckt ist. Aus dem Teig ca. 6 Palatschinken backen und warm halten.

Rosinen mit Rum beträufeln. Zucker, Rosinen, Vanillezucker, Salz und Topfen vermischen. Zitronenschale untermengen.

Palatschinken mit der Topfenfülle bestreichen und einrollen. Pudding laut Rezept auf der Packung, jedoch mit 1/3 mehr Milch zubereiten.

Palatschinken mit Vanillesauce anrichten.

Tipp: Mit einem Minzeblatt und einem Tupfen Schlagobers garnieren.

Zubereitungszeit: ca. 40 Minuten

Topfenschnitten

Zutaten für 12 Portionen:
Fülle:
3 EL Rosinen, 2 EL Rum
100 g Butter, 100 g Zucker
Saft von 1 Zitrone
1 Prise Salz, 1/2 Pkg. Vanillezucker
300 g Topfen
1 Eidotter, 1 Eiklar
30 g Kristallzucker, 2 EL Mehl

Mürbteig:
120 g Zucker, 250 g Butter
300 g Mehl, 1 Prise Salz
1 Pkg. Vanillezucker
etwas geriebene Zitronenschale
1 Ei zum Bestreichen

Fülle: Rosinen mit Rum beträufeln. Butter, Zucker, Zitronensaft, Salz und Vanillezucker schaumig rühren, Topfen und Eidotter unterrühren. Eiklar mit Kristallzucker zu steifem Schnee schlagen. Schnee unter die Topfenmasse heben. Mehl und Rosinen zuletzt beimengen.

Mürbteig: Zucker, Butter, Mehl, Salz, Vanillezucker und Zitronenschale zu einem festen Teig kneten. Die Hälfte des Teiges auf einer bemehlten Arbeitsfläche ausrollen und auf ein mit Backpapier belegtes Blech legen. Mit einer Gabel mehrmals einstechen und bei 180° 15 Minuten backen.

Topfenmasse aufstreichen, restlichen Teig ausrollen und gleich groß auflegen. Mit verquirltem Ei bestreichen, mit einer Gabel mehrmals einstecken und bei 180° weitere 15 Minuten backen. In Schnitten schneiden und bezuckern.

Zubereitungszeit: 40 Minuten

157

Topfensoufflé
mit Orangensauce

Zutaten für 6 Portionen:
200 g Butter
200 g Topfen
4 Eier
4 EL Zucker
3 EL Semmelbrösel
je 1/3 Tasse Orangensaft,
Schlagobers und Staubzucker
50 g Butter
1 TL Maizena
etwas geriebene Zitronenschale
2 EL Rum

Die Butter mit dem Topfen sehr gut abtreiben, nach und nach Eier und Zucker dazurühren, zuletzt die Semmelbrösel dazugeben. Mit Zitronenschale und 1 EL Rum abschmecken. Die Masse in eine gebutterte und gebröselte Auflaufform gießen und bei ca. 180° für 40 Minuten goldbraun backen.

Orangensaft, 1 EL Rum, Schlagobers, Zucker und Butter in einem Topf unter ständigem Rühren zum Kochen bringen und ca. 3 Minuten köcheln lassen. Maizena mit etwas kaltem Wasser glatt rühren und beimengen, noch eine weitere Minute kochen und vom Herd nehmen.

Soufflé mit Zucker und Orangensauce servieren.

Tipp: Verfeinern Sie die Orangensauce mit in Alkohol eingelegten Rosinen.

Zubereitungszeit: 60 Minuten

Topfenstollen

Zutaten für 1 Stollen:
260 g Mehl
1/4 kg Topfen
2 Eier
80 g Staubzucker
1 Pkg. Vanillezucker
1/2 Pkg. Backpulver
1 Prise Salz
2 Zitronen
30 g geriebene, geschälte Mandeln
30 g Rosinen
1 EL Rum
20 g gewürfeltes Zitronat
20 g gewürfeltes Aranzini
Zum Bestreuen:
etwas Butter und Staubzucker

Mehl, Topfen, Eier, Staubzucker, Vanillezucker, Backpulver, Salz, Rosinen, Mandeln, Saft von 2 Zitronen, Rum, Zitronat und Aranzini zu einem Teig kneten. Teig für 1/2 Stunde rasten lassen. Teig auf einer bemehlten Arbeitsfläche 3 Finger hoch ausrollen und fächerförmig zu einer Rolle einschlagen.

Backrohr auf 170° vorheizen. Stollen auf ein mit Backpapier belegtes Blech legen und ca. 45 Minuten backen. Stollen mit zerlassener Butter bestreichen und mit Staubzucker bestreuen.

Zubereitungszeit: ca. 35 Minuten

Topfentascherln

mit Zimtbutter

Zutaten für 6 Portionen:
Teig:
1/2 l Milch, 60 g Butter, 4 Eidotter
1 Prise Salz, 1 Ei zum Bestreichen
Fülle:
300 g Mehl, 1/4 kg Topfen
2 Eidotter, 1 EL Cointreau
90 g Staubzucker, 2 EL Butter
20 g Vanillepuddingpulver
1 Pkg. Vanillezucker, 1 Prise Salz
Saft von 1/2 Zitrone
Zimtbutter:
200 g Butter, 1 TL gemahlener Zimt
Minzeblätter zum Garnieren

Teig: Milch, Butter, Salz aufkochen und das Mehl unter ständigem Rühren einmengen. So lange rühren, bis sich die Masse vom Topf löst, vom Herd nehmen, etwas auskühlen lassen und die Eidotter unterrühren. Den Teig auf einer bemehlten Arbeitsfläche ausrollen und in Quadrate von ca. 6 cm schneiden.
Fülle: Butter, Zucker, Zitronensaft, Puddingpulver, Eidotter, Salz und Vanillezucker mit dem Topfen verrühren. Cointreau je nach Geschmack beimengen.

Auf jedes Quadrat etwas Topfenfülle setzen, Ränder mit Ei bestreichen und zu Dreiecken zusammenklappen. Ränder nochmals mit einer Gabel festdrücken. Tascherln in leicht kochendem Wasser ca. 8 Minuten ziehen lassen. Butter schmelzen und Zimt einstreuen.

Tascherln anrichten, mit etwas Zimtbutter übergießen und mit Minzeblättern garnieren.

Tipp: In die Zimtbutter den Saft von 1/2 Orange rühren.

Zubereitungszeit: ca. 50 Minuten

Topfentorte

Zutaten für ca. 12 Portionen:
200 g Mehl, 130 g Butter, 80 g Zucker
1 Eidotter, 1 Prise Salz, 1/4 l Milch
etwas geriebene Zitronenschale
8 Blatt Gelatine, 200 g Staubzucker
4 Eidotter, 1/2 l Schlagobers
500 g Topfen, 5 EL Staubzucker
50 g Angelika, Schlagobers für Tupfen

Backrohr auf 180° vorheizen. Mehl, Butter, Zucker, Eidotter, Salz und die Hälfte der Zitronenschale zu einem Mürbteig kneten. Den Mürbteig zugedeckt für 2 Stunden in den Kühlschrank stellen. Den Teig auf einer bemehlten Arbeitsfläche zu 2 Tortenböden von ca. 26 cm Durchmesser ausrollen. Tortenböden auf ein mit Backpapier belegtes Blech legen und bei 180° ca. 12 Minuten hell backen. Einen Tortenboden in 12 gleich große Stücke schneiden und auskühlen lassen. Gelatine in kaltem Wasser einweichen.

Milch, Staubzucker, Salz, restliche Zitronenschale und 4 Eidotter unter ständigem Rühren aufkochen lassen, vom Herd nehmen. Ausgedrückte Gelatine in die Milchmasse einrühren, kühl stellen. Schlagobers steif schlagen. In die ausgekühlte Milchmasse Schlagobers und Topfen einmengen. Den ungeteilten Tortenboden in eine Springform legen, Topfencreme einfüllen und zugedeckt in den Kühlschrank stellen (ca. 1 Stunde).

Die Torte aus der Form lösen und den geteilten Tortenboden obenauf legen. Fertige Torte mit Staubzucker bestreuen, 12 Tupfen Schlagobers aufsetzen und mit geschnittenem Angelika garnieren.

Tipp: Legen Sie den Rand der Tortenform mit Pergamentpapier aus, so erhalten Sie einen schönen Tortenrand.

Zubereitungszeit: ca. 60 Minuten

Vanillekipferln

Zutaten für ca. 40 Stück:
250 g Mehl
210 g Butter
100 g geschälte, geriebene Mandeln
70 g Staubzucker
Zum Wälzen:
100 g Staubzucker
1 Pkg. Vanillezucker

Mehl, Butter, Mandeln und Staubzucker zu einem Teig kneten und 1/2 Stunde kühl rasten lassen.

Aus dem Teig Rollen von ca. 1 cm Durchmesser formen, kleine Stücke schneiden. Kipferln mit stumpfen Enden formen. Auf ein mit Backpapier belegtes Blech legen und ca. 10 Minuten bei 180° backen.

Staubzucker und Vanillezucker vermischen, Kipferln darin wälzen.

Tipp: Kipferln noch heiß im Zucker drehen, dann haftet er besser.

Zubereitungszeit: ca. 30 Minuten

Vanilletorte

Zutaten für 12 Portionen:
250 g Rohmarzipan
170 g Staubzucker
Mark von einer Vanilleschote
1 Prise Salz
etwas geriebene Zitronenschale
1 Ei
6 Eidotter
6 Eiklar
einige Tropfen Vanillearoma
160 g Mehl
50 g Maizena
60 g gehackte Milchkuvertüre
250 g Milchkuvertüre zum Glasieren
30 g gehackte Pistazien zum Bestreuen

Tortenform bebuttern und bemehlen, Backrohr auf 180° vorheizen. Rohmarzipan mit 2/3 des Zuckers, dem Vanillemark, Salz, Ei, Zitronenschale und dem Vanillearoma sowie 6 Eidottern schaumig rühren.

Eiklar mit dem restlichen Zucker zu steifem Schnee schlagen und unter die Marzipanmasse heben. Mehl und Maizena miteinander vermengen und ebenfalls vorsichtig unterheben. Zuletzt Schokoladenstücke unter den Teig heben.

Teig in die Form füllen und glatt streichen. Für 60 Minuten bei 180° backen, auf ein Kuchengitter stürzen und mit geschmolzener Kuvertüre glasieren.

Pistazien auf die noch weiche Glasur streuen.

Zubereitungszeit: 80 Minuten

160

Wäschermädel

Zutaten für 20 Stück:
20 Marillen
200 g Rohmarzipan
2 EL Marillenbrand
180 g Mehl
1/8 l Weißwein
30 g Butter
2 EL Zucker
Saft von 1/2 Zitrone
2 Eidotter
2 Eiklar

Butter schmelzen, Mehl, Weißwein, Eidotter, Zitronensaft und 1 Prise Salz zu einem glatten Teig rühren. Eiklar mit Zucker zu festem Schnee schlagen und unter die Eidottermasse heben.

Marillen kurz blanchieren und kalt abschrecken. Haut abziehen und entkernen, mit Marillenbrand beträufeln, ca. 1/2 Stunde ziehen lassen. Abtropfen lassen und trockentupfen. Marzipan in 20 Stücke teilen und anstelle des Kernes in die Marillen setzen. Backfett erhitzen. Marillen in den Backteig tauchen und goldgelb ausbacken, abtropfen lassen und mit Staubzucker bestreuen.

Dazu passt Vanillesauce.

Zubereitungszeit: ca. 30 Minuten

Walnusskuchen

Zutaten für ca. 10 Portionen:
Mürbteig:
250 g Mehl
130 g Butter
90 g Staubzucker
1 Prise Salz
etwas geriebene Zitronenschale
Belag:
450 g fein geriebene Walnüsse
220 g Kristallzucker
4 Eidotter
1/4 l Schlagobers
3 EL Weinbrand
50 g grob gehackte Walnüsse
(zum Bestreuen)
etwas Staubzucker

Alle Zutaten für den Mürbteig schnell miteinander verkneten. Für ca. 1 Stunde zugedeckt in den Kühlschrank stellen, dann nochmals durchkneten.

Auf einer bemehlten Arbeitsfläche ausrollen. Eine gebutterte, bemehlte Tortenform damit auslegen. Mit einer Gabel mehrmals einstechen und im Backrohr bei ca. 200° für 15 Minuten backen. Aus dem Rohr nehmen und leicht auskühlen lassen.

Walnüsse mit Zucker, Eidotter, Schlagobers und Weinbrand vermischen, auf den Tortenboden gießen und verteilen. Bei ca. 180° für 40 Minuten backen. Mit gehackten Walnüssen und Staubzucker bestreuen.

Tipp: Die Zutaten für den Mürbteig kühl verarbeiten, dann klebt er nicht.

Zubereitungszeit: ca. 60 Minuten

Weinpaunzen

Zutaten für 6 Portionen:
1/2 l Milch
100 g Grieß
60 g Butter
1 Prise Salz
1 Prise Muskatnuss
1 EL Zucker
2 Eidotter
1 Ei
130 g Semmelbrösel
1 TL Zimt
100 g Kristallzucker
Öl zum Ausbacken
1/4 l Rotwein
1 Zimtstange
3 Nelken
Schale von 1 Zitrone
5 EL Zucker

Milch aufkochen, Grieß unter Rühren einrieseln und dick einkochen lassen. Zucker, Butter, Salz und Muskatnuss beimengen. Masse etwas auskühlen lassen und 2 Eidotter unterheben.

Aus der Masse kleine, fingerdicke Nudeln formen, in Ei und Bröseln wenden und in heißem Öl goldgelb ausbacken. Wein, Zimtstange, Nelken und 5 EL Zitronenschale aufkochen. Kristallzucker mit Zimt vermischen, Paunzen darin wälzen und mit Glühwein servieren.

Zubereitungszeit: ca. 35 Minuten

Zitronenkuchen

Zutaten für 12 Portionen:
150 g Rohmarzipan
6 Eidotter
6 Eiklar
etwas geriebene Zitronenschale
120 g Zucker
80 g Mehl
80 g klein gewürfeltes Zitronat
80 g Butter
1 Prise Salz
etwas Staubzucker zum Bestreuen

Rohmarzipan mit 3 Eidottern weich kneten. Marzipanmasse mit restlichen Eidottern, Zitronenschale und Salz schaumig rühren.

6 Eiklar mit Zucker zu steifem Schnee schlagen und mit der Marzipanmasse vermengen. Mehl mit Zitronat mischen und einrühren. Butter schmelzen und den Teig einrühren.

Beliebige Kuchenform bebuttern und bemehlen. Teig einfüllen und bei 160° ca. 60 Minuten backen. Kuchen aus der Form stürzen, auskühlen lassen und mit Staubzucker bestreuen.

Tipp: Den Kuchen mit Zitronenglasur überziehen und mit geschnittenem Angelika dekorieren.

Zubereitungszeit: ca. 30 Minuten

162

Zwetschkentörtchen

mit Ricotta

Zutaten für ca. 12 Stück:
1 Pkg. tiefgekühlter Blätterteig
250 g Ricotta
60 g Zucker
50 g Butter
2 Eier
100 g Zwetschken (getrocknet)

Backblech mit Backtrennpapier belegen. Backrohr auf 180° vorheizen. Aufgetauten Blätterteig ausrollen und zu Rechtecken von 7 x 5 cm schneiden.

Ricotta, Zucker, Butter, Eier cremig rühren. Rechtecke damit bestreichen, mit je 1 Zwetschke belegen und zur Mitte einschlagen.

Bei 180° ca. 20 Minuten backen und mit Staubzucker bestreut servieren.

Tipp: Anstelle von Ricotta kann auch Topfen verwendet werden.

Zubereitungszeit: ca. 30 Minuten

Zwetschkenfleck

Zutaten für ca. 12 Portionen:
Germteig:
500 g Mehl
40 g frische Germ
80 g Staubzucker
80 g Butter
ca. 1/4 l Milch
etwas Rum
3 Eidotter
2 Eier
1 Prise Salz
etwas geriebene Zitronenschale
Belag:
2 kg Zwetschken
Zimt
Staubzucker
50 g gehackte Pignoli

1/8 l Milch leicht erwärmen, Germ einrühren, 1/2 TL Mehl und 1 TL Staubzucker dazugeben. An einem warmen Ort gehen lassen. Übriges Mehl, restlichen Zucker, Eidotter, Eier, Rum, Zitronenschale, Salz und restliche Milch vermischen. Butter klein geschnitten in den Teig einarbeiten und gut kneten. Germgemisch einarbeiten, mit einem Tuch bedeckt an einem warmen Ort gehen lassen. Teig ausrollen und auf ein gebuttertes Backblech legen. Mit einem Tuch zudecken und nochmals gehen lassen.

Zwetschken waschen, trocknen, entkernen und halbieren. Den Teig dicht damit belegen, mit Zimt, Zucker und Pignoli bestreuen. Bei 180° ca. 30 Minuten backen.

Tipp: Verfeinern Sie den Zwetschkenfleck, indem Sie ihn vor dem Belegen mit Powidl bestreichen.

Zubereitungszeit: ca. 50 Minuten

163

Zwetschkenknödel

Zutaten für 4 Portionen:
500 g rohe, mehlige Kartoffeln
400 g Topfen, 150 g Mehl
2 gehäufte EL Grieß, 2 EL Butter
1 Prise Salz, 1 Prise Muskatnuss
400 g Zwetschken
12 Stück Würfelzucker
250 g Lebkuchenbrösel
4 EL Butter
3 EL Rum für das Kochwasser
1 Prise Salz, 3 EL Kristallzucker
Staubzucker zum Servieren

Zwetschken waschen und trockentupfen.
Vorsichtig entkernen und anstelle des Kernes
mit einem Stück Würfelzucker füllen.

Kartoffeln waschen, kochen, schälen und mit
der Kartoffelpresse zerdrücken. Kartoffeln mit
Topfen, Mehl, Grieß, 2 EL Butter, Salz und
Muskatnuss zu einem Teig verkneten. Mit
Klarsichtfolie bedecken und eine halbe Stunde
im Kühlschrank rasten lassen.

Eine Rolle formen und in gleich große Stücke
schneiden. Auseinander drücken, mit einer
Zwetschke füllen und zu Knödeln formen.
Wasser mit Salz, Rum und Zucker aufkochen,
Knödel darin etwa 15 Minuten leicht köcheln
lassen.

Butter schmelzen lassen, Lebkuchenbrösel kurz
anrösten und Knödel darin wälzen. Mit
Staubzucker servieren.

Tipp: Die Butter-Lebkuchenbrösel kann man
mit 50 g gehobelten Mandeln verfeinern.
Dieser Teig lässt sich für verschiedene
Obstknödel leicht verarbeiten.

Zubereitungszeit: ca. 40 Minuten

Adressen und Öffnungszeiten

Aida (Seite 10 bis 13)
Prousek & Co. Chocolaterie und Großkonditorei
Schönthalergasse 1, A-1210 Wien
Tel. 01/258 26 11-0, www.aida.at

Öffnungszeiten:
Mo bis Sa 7—19 Uhr, So 9—19 Uhr.

Aida-Filialen:
Bognergasse 3, A-1010 Wien, Tel. 01/533 94 42
Opernring 7, A-1010 Wien, Tel. 01/587 25 85
Rotenturmstr. 24, A-1010 Wien, Tel. 01/533 19 33
Stock-im-Eisen-Platz 2, A-1010 Wien, Tel. 01/512 79 25
Wollzeile 28, A-1010 Wien, Tel. 01/512 37 24
Praterstraße 78, A-1020 Wien, Tel. 01/216 21 37
Landstraßer Hauptstr. 116, A-1030 Wien, Tel. 01/712 15 91
Wiedner Hauptstr. 60, A-1040 Wien, Tel. 01/587 22 87
Marahilfer Str. 101, A-1060 Wien, Tel. 01/597 94 77
Kaiserstraße 37, A-1070 Wien, Tel. 01/523 26 53
Neubaugasse 64, A-1070 Wien, Tel. 01/523 26 76
Josefstädter Str. 71, A-1080 Wien, Tel. 01/406 24 87
Alser Straße 18, A-1090 Wien, Tel. 01/405 51 86
Porzellangasse 60, A-1090 Wien, Tel. 01/317 34 19
Währinger Str. 4, A-1090 Wien, Tel. 01/317 84 67
Währinger Str. 47, A-1090 Wien, Tel. 01/405 67 79
Favoritenstraße 88, A-1100 Wien, Tel. 01/600 69 65
Laxenburger Str. 48, A-1100 Wien, Tel. 01/604 13 14
Simmeringer Hauptstr. 72, A-1110 Wien, Tel. 01/749 57 14
Thaliastraße 42, A-1160 Wien, Tel. 01/407 16 22
Elterleinplatz 15, A-1170 Wien, Tel. 01/406 14 78
Gersthofer Str. 2a, A-1180 Wien, Tel. 01/470 62 45
Wallensteinstr. 18, A-1200 Wien, Tel. 01/330 66 01
Floridsdorfer Hauptstr. 42, A-1210 Wien, Tel. 01/270 31 80
Schönthalergasse 1, A-1210 Wien, Tel. 01/258 26 11-0
SCS Top 255, A-2334 Vösendorf, Tel. 01/699 57 09

Café-Konditorei Frederick (Seite 14 bis 17)
Kirchplatz 6, A-6780 Schruns
Tel. 05556/73 55 77

Öffnungszeiten: Mi bis Sa und Mo 8—18.30 Uhr,
So von 10—18.30 Uhr, Di Ruhetag
(Anfang Nov. bis Mitte Dez. Jahrespause).

Café-Konditorei Fürst (Seite 18 bis 21)
Brodgasse 13 (Am Alten Markt)
A-5020 Salzburg
Tel. 0662/84 37 59-0

Öffnungszeiten:
Mo bis Sa 8—21 Uhr, So 9—21 Uhr.

Filialen:
Café-Konditorei am Mirabellplatz 5
A-5020 Salzburg, Tel. 0662/88 10 77
Öffnungszeiten: Mo bis Sa 8—18 Uhr, So 9—18 Uhr.

Konfiserie im Ritzerbogen, A-5020 Salzburg
Öffnungszeiten: Mo bis Sa 10—18 Uhr, So nur zur
Festspielzeit.

Café-Konditorei Gerstner (Seite 22 bis 25)
Kärntner Straße 11—15, A-1010 Wien
Tel. 01/512 49 63

Öffnungszeiten: Mo bis Sa von 8.30—20 Uhr,
So und Fei von 10—19 Uhr
(im Sommer täglich bis 22 Uhr).

Cafe-Konditorei Heiner (Seite 26 bis 29)
Wollzeile 9, A-1010 Wien
Tel. 01/512 23 43

Öffnungszeiten:
Mo bis Sa 8.30—19 Uhr, So und Fei 10—19 Uhr.

Filialen:
Kärntner Straße 21, A-1010 Wien, Tel. 01/512 68 63
Öffnungszeiten: Mo bis Sa 8.30—19.30 Uhr,
So und Fei 10.00—19.30 Uhr.

Wiener Gasse 16, A-2380 Perchtoldsdorf
Tel. 01/869 01 07
Öffnungszeiten: Mo bis Sa 8—19.30 Uhr,
So und Fei 9—19.30 Uhr.

Café-Konditorei Jindrak (Seite 30 bis 33)
Herrenstraße 22-24, A-4010 Linz
Tel. 0732/77 92 58, www.linzertorte.at

Öffnungszeiten:
Mo bis Sa 8—18 Uhr; So Ruhetag.

Filialen:
Marktplatz 23, A-4020 Linz, Tel. 0732/60 08 26
Öffnungszeiten: Mo 9—18 Uhr, Di und Fr 7.30—18 Uhr,
Mi und Do 8—18 Uhr, Sa 7.30—12.30 Uhr; So Ruhetag.

Grünmarkt-Urfahr, A-4040 Linz, Tel. 0732/71 92 22
Öffnungszeiten: Mo 9—18 Uhr, Di bis Fr 8—18.00 Uhr,
Sa 8—12.30 Uhr; So Ruhetag.

Plus-City, Pluskaufstr. 7, A-4061 Pasching, Tel. 07229/616 13
Öffnungszeiten: Mo bis Mi 9—18 Uhr,
Do und Fr 9—19.30 Uhr, Sa 9—17 Uhr; So Ruhetag.

Café-Konditorei Walter Kniesek
(Seite 34 bis 37)
Hannoverstraße 13, A-9822 Mallnitz
Tel. 04784/303

Öffnungszeiten: Mo bis So 9—22 Uhr.

Café-Konditorei Adi und Peter Lunzer OEG
(Seite 38 bis 41)
Untere Hauptstraße 31, A-7122 Gols
Tel. 02173/22 73-0

Öffnungszeiten: Di bis Sa 9—19 Uhr,
So und Fei 13—19 Uhr; Mo Ruhetag.

Café-Konditorei Mayr (Seite 42 bis 45)
Schindlstraße 15, A-6067 Absam/Tirol
Tel. 05223/576 40

Öffnungszeiten: Di bis Sa 9—18.30 Uhr,
So und Fei 9—19 Uhr; Mo Ruhetag.

Café-Konditorei Musil (Seite 46 bis 49)
10.-Oktober-Straße 14, 9020 Klagenfurt
Tel. 0463/51 16 60, www.musil.at

Öffnungszeiten: täglich von 7—19.30 Uhr.

Café-Konditorei Philipp (Seite 50 bis 53)
Krenngasse 38, A-8010 Graz
Tel. 0316/81 00 33

Öffnungszeiten: Sommer: täglich 8—22 Uhr;
Winter: täglich 8—20 Uhr.

Café Sacher (Seite 54 bis 57)
Philharmonikerstraße 4, 1010 Wien
Tel. 01/512 14 87, www.sacher.com

Öffnungszeiten: täglich von 8—23.30 Uhr,
Sacherstube: von 9—23.30 Uhr.

Schatz-Konditorei (Seite 58 bis 61)
Getreidegasse 3 (Schatz-Durchhaus)
A-5020 Salzburg
Tel. 0662/84 27 92

Öffnungszeiten: Mo bis Fr 8.30—18.30 Uhr,
Sa 8—13.30 Uhr (während der Festspielzeit auch
am Samstagnachmittag geöffnet); So Ruhetag.

Café-Konditorei Träger (Seite 62 bis 65)
Bruckgasse 3-5, A-7423 Pinkafeld
Tel. 03357/422 86

Öffnungszeiten: Mo bis Fr 7—19 Uhr
(Juli u. August: Fr 7—22 Uhr), Sa 7—12.30 Uhr,
So 9—12 Uhr und 13.30 —19.00 Uhr;
Mi Ruhetag.

Café-Konditorei Trahbüchler
(Seite 66 bis 69)
Wiener Neustädter Straße 10
A-2601 Sollenau
Tel. 02628/474 11

Öffnungszeiten: Di bis Sa 7—19 Uhr,
So und Fei 8—19 Uhr; Mo Ruhetag.

Filiale:
Brusattiplatz 1, A-2500 Baden, Tel. 02252/44 288
Öffnungszeiten: Mo bis Fr 7—18 Uhr, Sa und So 9—18 Uhr.

Konfiserie Helmut Wenschitz
(Seite 70 bis 73)
A-4511 Allhaming Nr. 47
Tel. 07227/71 15

Café-Konditorei Wolf (Seite 74 bis 77)
Kremser Straße 23, A-3100 St. Pölten
Tel. 02742/353 15 00

Öffnungszeiten:
Mo bis Fr 7—18.30 Uhr, Sa 7—17 Uhr
(Juli und August: Sa 7—14 Uhr); So Ruhetag.

Konditorei Zauner (Seite 78 bis 81)
Pfarrgasse 7, A-4820-Bad Ischl
Tel. 06132/233 10
www.zauner.at

Öffnungszeiten:
Pfarrgasse 7: täglich 8.30—18 Uhr;
Esplanade: 10 Uhr bis Open End (21 Uhr).

Schokoladen-Manufaktur Zotter
(Seite 82 bis 85)
Bergl 56, A-8333 Riegersburg
Tel. 03152/55 54
www.zotter.at

Öffnungszeiten: Mo bis Fr 8—18 Uhr.

Index